JN440072

고흐의 시

고흐의 시

김동원 시선집

그루

시인의 말

바람의 무릎에 누워서 물 흐르는 소리를 들었다. 왜 그것이 보였는지 모른다. 공중에 뜬 영혼이 잠든 내 몸을 보고 있었다. 그 순간, 쩌억 하고 백해百骸가 열렸다. 빛 기둥이 두개골을 뚫고 회오리치며 하늘로 빠져나갔다. 거짓말처럼 사방의 벽이 걸어오고 있었다. 순간, 삼라만상이 시詩임을 확연히 보았다.

2020년 새해
시락당詩樂堂에서 김동원

 차례

시와 사유 · 하나

문文의 속성은 지극히 포괄적이다. 그것은 천지와 함께 생겨났다. 어째서 그런가? 하늘과 땅이 생겨나자 이어서 검은색과 누른색의 구별이 생겨났고 원형圓形과 방형方形의 구별이 생겨났기 때문이다. 해와 달은 백옥을 겹쳐 놓은 것과 같아서 하늘에 붙어 있는 형상을 나타내고, 산과 하천은 비단에 새겨 놓은 자수刺繡와도 같아서 땅에 펼쳐져 있는 형상을 나타낸다. 이러한 모든 것들은 대자연의 문文이다. 인간은 오행五行의 정화요, 천지의 마음이다. 마음이 생겨나면서 그와 함께 언어가 확립되고, 언어가 확립되면서 문장이 함께 분명해진다. 이것이 바로 자연의 이치인 것이다.

그러므로 우리는, 어떤 형체가 확립되면 꾸밈에 있게 되고, 소리가 울려 나오게 되자 비로소 문장文章이 생겨났음을 알게 된다. 의식이 전혀 없는 사물들에도 풍부한 문채文彩가 있는데, 마음과 영혼을 지닌 인간에게 어찌 문장이 없을 수 있겠는가?

유협 / 최동호 역편, 「原道」(『文心彫龍』)에서

제1부

오십천

오십천

어릴 적 난 홀어머니와 함께, 강가 백로 외발로 선 오십천 천변에 핀 복사꽃 꽃구경을 갔다 봄 버들 아래 은어 떼 흰 배를 뒤집고, 물결이 흔들려 뒤척이면 붉은 꽃개울이 생기던, 그 화사한 복사꽃을 처음 보았다 젊은 내 어머니처럼 향기도 곱던 그 복사꽃이 어찌나 좋던지, 그만 깜박 홀려 버렸다 얼마나 시간이 흘렀을까, 갓 서른이 넘은 어머닌 울고 계셨다 내 작은 손을 꼭 쥔 채, 부르르 부르르 떨고 계셨다 그 한낮의 막막한 꽃빛의 어지러움, 난 그 후로 꽃을 만지면 손에 확 불길이 붙는 착각이 왔다

어느새 몸은 바뀌고, 그 옛날 쪽빛 하늘 위엔 흰 구름 덩이만 서서, 과수원 언덕을 내려다본다 새로 벙근 꽃가지 사이로 한껏 신나 뛰어다니는 저 애들과 아내를, 마치 꿈꾸듯 내려다본다

* 오십천은 청송 주왕산에서 발원해 영덕읍을 가로질러 강구항으로 흘러듦.

흰 눈이 내린 겨울 숲이 여자로 보일 때

흰 눈이 내린 겨울 숲이 여자로 보이거나, 하나 둘 켜지는 저녁 도시 불빛이 그 여자들의 어깨 둘레로 보일 때, 붉게 물든 저녁놀 부드럽게 산정에 입 맞출 때, 난 으레히 습관처럼 지녀 온 버릇이 있다. 그것은 한 편의 시를 펼쳐 보는 일이다. 그중에서도 내 마음속 깊이 움직이게 한 한 줄의 아름다운 시구를 찾아내, 방 안을 서성대며 조용히 혼자 소리내어 읊조리는 기분은… 참 묘한 것이다. 이 소리들은 나직이 방 안 귀를 따라 돌며 천장으로 올라갔다 내려온다. 마치, 누군가 이 시어들에 맞춰 피아노의 선율을 소리내어 들려주는 것처럼. 그러면 놀란 사방의 벽들만이 이 우스운 짓을 왜 하는지 몰라, 킥킥킥 돌아서서 비웃고 있는 것이다. 아무러면 어떤가. 어차피 인생은 제 스스로 힘껏 움직이다 가는 것. 저 창밖 빈 겨울 나무처럼, 추운 모퉁이 한켠에 비켜서 있다가, 봄이 오면 제일 먼저 뛰어나가 푸른 잎사귀의 물관을 타고 올라서, 하늘 위 흐르는 흰 구름의 가슴을 뭉클 만져 보면 된다.

시를 사랑하는 이는 다 그렇듯

시를 사랑하는 이는 다 그렇듯, 늦가을 어스름이 깔리는 뒷산의 산책로를 걸어 내려오며 홀로 생각에 잠기는 것은, 저 붉은 저녁놀과 나란히 짝이 되어 꼭 어울리는 것으로 이 세상 '시밖에 없다'는 그 무례한 느낌뿐이다

아마도 이 시를 읽어 가는 많은 분들이 위쪽의 글귀 속에 들어앉은 좁은 예술의 자기중심 사고를 책망할는지 모른다 그러나 또 한편 '깊이 물들어 가는 늦가을 단풍 속에 온몸과 마음이 몽땅 고독의 병으로 색깔이 바래어들었구나' 하고 이해해 준다면, 이 또한 시를 사랑하는 행복한 변명의 한 가지 이유는 될는지……

시를 사랑하는 이는 다 그렇듯, 나 또한 이 가을 어둠이 깃든 참나무 잎새 속에서, 아주 작은 영혼들의 목소리로 나직이 둘러앉아 속삭이는, 저 사라져 간 시인들의 시 읽는 소리를 듣는다 머뭇거리며 돌아서서 읽는, 미처 알아채지도 못한 그 이상한 가을 밤바람 소리를 듣는다

구멍

구멍은 어찌 보면 참 많은 것을 가졌다. 저 광활한 우주의 별들이 생겨나고 또 죽어서 스스로 돌아가는 몰락과 생성의 두 구멍이 있는가 하면, 우리 같은 수컷들이 알이나 새끼로 자라서 흘러나오는 저 한정 없는 암컷들의 한없이 깊고 넓고 편안한, 그 한 길 구멍도 있다.

좁게는 부끄러운 짓거리를 했거나 크게는 온 나라를 망쳐서 말아먹은 자들이 으레히 숨어서 들락거리는 쥐구멍 같은 것도 있고, 참 착한 것들이 두 귀를 쫑긋거리고 봄나들이 길을 나서는 그 아늑한 수풀가의 토끼 구멍도 있다.

구멍은 또, 여름밤 도시 옆구리 길의 복개천 아래로 몰래 쏟아 놓은 퀴퀴한 인간들이 썩는 오물 냄새 나는 수챗구멍에도 있고, 꽝꽝 얼어붙은 겨울 연못가 도랑 밑에 흐르는, 졸졸졸 소리 나는 맑은 봄기운을 흡입하는 그 생기도는 버들 뿌리의 작은 공기 구멍에도 있다.

구멍은 어찌 보면 참 많은 것을 가졌다. 이따금 난 산이 몸부림치는 이상한 소리를 바람 부는 뒷산의 동굴 구멍 안쪽 벽에서 들었는데, 어찌 들으면 그 소리는 태초의 첫 구멍 내는 소리 같기도 하고, 또또 어찌 들으면 많이 쓴 구멍들의 흥건한 절정의 끄트머리에서 흘러나오는 그 야릇한 소리로, 수만 년 제대로 키워 온 자연의 그 순리 구멍의 신음쯤으로 알아들었다.

어쩌면 좋은가. 이 하늘과 땅의 그 많은 구멍 중에서 우리는 어떤 구멍을 가져야 하는가. 오뉴월 개도 걸리지 않는 삐삐거리는 콧물 소리 내는 콧구멍이 되든가, 아니면, 달빛이 걸어가는 대숲 속에서 은은히 흘러 소리 되어 나오는 그 멋진 대금의 피리 구멍 가락이 되든가, 아니면 또, 저 동해 바다 한가운데를 마음껏 휘젓고 다니는 그 고래들의 마구마구 뿜어 올리는 무한 자유의 숨구멍이라도 되든가.

참으로 그 구멍이 하는 일은 아무도 모르는 일. 그러나 우리는 살아가는 동안 그 무슨 질퍽거리는 운명의 진흙 구멍 속에라도 들어가야만 하고, 또 그 구멍 밖으로 안간힘을 다해 기어 나와야만 한다. 마치, 저 백두산 천지 복판에서 날마다 힘차게 밀고 올라오는 그 생수 구멍의 당찬 힘처럼, 우리도 언젠가 한 번은 찬란한 기쁨의 인생을 위해, 온몸으로 어둠의 구멍을 뚫고 나가야만 한다.

꽃망울

겨드랑이 날개라도 돋을는지, 며칠 전부터 매화꽃 나무는, 자신의 작은 젖꼭지 찌릿찌릿 감전된 듯 아려 온다는 것이다. 왼쪽 꽃망울보단 오른쪽 그 꽃망울이 훨씬 더 아린다나,

'한번 만져 볼래?' 그런 눈치길래, 참 철딱서니도 없이, 대낮 소년 기분 반 남자 기분 반 되어, 쏘옥, 손 집어넣었지.

얼마나 웅숭깊은 바다 속인지, 어찌나 신비롭고 야릇하던지, 마치, 그 옛날 초희의 젖가슴처럼, 넣어도 넣어도 끝이 닿지 않던, 그 첫 떨림처럼.

쥐떼

두 마리인가 싶더니 순식간, 수 십 수 백 수 천 마리로 불어난 쥐떼들이 완장을 차고, 검은 고양이 한 놈을 뜯어먹고 있었다. 한밤중 쉿, 쉬잇, 쉿, 서로서로의 혼을 호리는 소리는, 죽음 직전 갈라터진 쉰 목소리 같기도 했다. 저 먼저 가겠다고 악 쓰는 놈이 있는가 하면, 재빨리 선두 대열에 끼어 또 다른 괭이로 변신하는 놈도 있었다. 벽 쪽에 옮겨 붙는가 싶더니, 주저 없이 흩어졌다 불어났다 종잡을 수 없었다. 목적 앞에 수단은 일사불란했다. 본능적으로 그 놈들은 시대를 꿰뚫고 있었다. 뭉친 힘이 얼마나 센지, 결국 그 뒤엎는 힘이 세상을 바꾼다는 것을,

쥐덫은 더 이상 그들에겐 악법이 아니었다.

시를 쓴다는 것은 무엇인가. 그리고 시를 논한다는 것은 무엇인가. 그러나 이에 대한 답변을 하기 전에 이 물음이 포괄하고 있는 원주가 바로 시에 있어서의 형식과 내용의 문제와 동심원을 이루고 있다는 것을 우리는 쉽사리 짐작할 수 있는 것이다. 따라서 시를 쓴다는 것—즉 노래—이 시의 형식으로서의 예술성과 동의어가 되고, 시를 논한다는 것이 시의 내용으로서의 현실성과 동의어가 된다는 것도 쉽사리 짐작할 수 있는 것이다.

시는 온몸으로, 바로 온몸을 밀고 나가는 것이다. 그것은 그림자를 의식하지 않는다. 그림자에조차도 의지하지 않는다. 시의 형식은 내용에 의지하지 않고, 그 내용은 형식에 의지하지 않는다. 시는 그림자에조차도 의지하지 않는다. 시는 자유의 과잉을, 혼돈을 시작하는 것이다. 모깃소리보다도 더 작은 목소리로 시작하는 것이다. 모깃소리보다도 더 작은 목소리로 아무도 하지 못한 말을 시작하는 것이다. 아무도 하지 못한 말을. 그것을…….

김수영, 「詩여, 침을 뱉어라—힘으로서의 詩의 存在」에서

제2부 시인

미래$^{\frac{1}{2}}$

아! 데체 어디로 가고 있는가 우리들의 발은? 이 아깝고 귀한 밤낮 시간, 모두 어디로 가고 있는가? 왜 이리 두 발은 추하고 아름다운가! 산다는 의식조차 분명치 않은 현대의 벼랑 위에서, 어느 곳 인간은 한 발 비껴 디뎌야 하나

살아 있는 오늘 앞에, 폐부 가득 밀려오는 찬란한 아침 앞에, 미래$^{\frac{1}{2}}$은 걸어가는 모든 것에게 잠시 쉬길 요구한다 '무엇을 위해', '누구를 위해', 발언하는 것은 아니다 오로지 부르튼 발등을 치유하기 위해 당장 쉬길 요구한다 작게는 자신에 딸린 발가락을 위해, 멀린 뭉게뭉게 포개 오는 지구의 밝은 자전을 위해, 매일매일 아우성 치는 무수한 발들을 한번, 점검해 보자는 것이다.

발은 언제나 $\frac{1}{2}$ 만큼 미래에 닿아 산다. 설혹 그 발이 개인의 밥을 위해서든, 사회와 국가를 위해서든, 인류와 인간 정신의 고귀한 발현을 위해서든, 반드시 발은 미래에 닿아 산다. 지금 이 순간도 지구의 발은 반쯤 미래에 들어간다 끝없는 생존을 위해, ㅡ발은, 미래$^{\frac{1}{2}}$ 만큼 정확하게 앞을 밟아야 산다

시인

남 다 가는 길 시인은 그런 길로 가는 게
아니야,
처음 보는 길 캄캄한 길 되돌아올 수 없는 길
누군 뭐 다 알고 가나, 가다 보면 알겠지
그렇게 가다 보면 달빛도 나오겠지,

안 나와도 못 갈 것 없지
길 없으면,
길 보일 때까지 눌러앉아 쉬면 되거든,
무작정 쉬는 재미 세상사
깜박 다 잊고
구름에 기대 쉬는 재미

여자 꽁무니도 한 번 따라가 보는 거야
모든 게 그 계곡서 흘렀으니,
혹, 그 길 보일지 누가
아나,

올라도 타 보는 거야, 그 상상력의 쾌미快美 속에, 그러다 안 되면
산도 들이받아 보고, 그 아래
처박혀도 보고
한밤중 술병을 들고 신神 앞에 나서
버둥거려도 보고,

그래도그래도 풀리지 않거든,
그 이른 첫새벽 바다가 보이는 언덕 위에서
꺼이꺼이 해를 안고
다 타도록 울면 되지, 이제 알겠지
남 다 가는 길 시인은,
그런 길로 가는 게 아니야

보름달

—시선 이백의 「월하독작月下獨酌」에 답하여

여자 엉덩이만 한 둥근 보름달이 떴다
내 오늘, 법이산 위에서 그 엉덩이 밟고 올라
쑤—욱 구름장 위로 고개를 내밀면,
껄껄껄 시선 이백이
하늘 위서 손을 뻗는다
이렇게 우리는 초저녁 북극성에 걸터앉아
술상이 나오기 전
한 수 시를 짓고,
지구로 떨어지는 별똥을 바라보며
눈앞에 귀찮게 아른거리는 우주선 파리채로 후리고,
참 고운 몸매의 샛별이
웃는 듯 상床을 받쳐 들고 나오면, 안주론
별자리 황소를 굽고
술은 북두칠성 국자로 알콜 성단星團에서 뜨고,
어린것들은 조랑말자리 별에 태워
성도星道를 한 바퀴 천천히
돌게 한다
그렇게 한밤중 거나하게 취하면,

우리 둘은 어깨를 끼고
은하수 강가에 배를 띄우는데,
이백은, 뱃머리서 월하독작月下獨酌을 읊고
난, 취흥에 겨워, 저 이쁜 달 엉덩이를 힘껏
'철썩' 때린다
그러면, "으응" 하고 잠 덜 깬
웬 여자 볼멘소리가
방 한구석에 자늑자늑하다

단산리 처녀고개 이야기

그날은 마을이 무덤처럼 조용했더란다. 달마저 달빛마저 제 날기뼈를 묻고 갈참나무 숲속에 숨어들어 조심조심 지내더란다. 여느 날처럼 그녀는 단산리 그 고갯마루에 서서 사랑하는 그이 오기만을 꽃 붉어 기다렸더란다. 이제나 올까 저제나 올까, 달님도 그만 지쳐 언덕 너머로 굴러가고 있었더란다.

예나 지금이나 정성으로 사랑하는 이는 다 그렇듯, 몸보다 더 빨리 처녀는 고개를 넘어 윗마을 그이의 집 앞까지 닿았더란다. 그녀를 찾아오는 밤이면 언제나 그랬던 것처럼, 몇 번인가 처녀도 빼꾸기 울음소리로 애를 태웠더란다.

고요한 것이 그 밤은 어찌나 깊었던지, 처녀는 제 가슴도 흘려 두고 바람이 이르는 대로 대문을 열고, 사랑하는 사람의 방문 앞에 오롯이 섰더란다. 연이어 빼꼼히 장지문에 침을 발라 방 안을 한 바퀴 휙 돌아본 그녀는,

엄청이도 놀라 나자빠진 신라 적 할아배 처용이 그 할아배가 본 것처럼, 허벅지 허연 네 다리가 호롱불에 젖어 흥건히 놀아들 나더란다. 그 길로 처녀는 바람보다 더 세게 되돌아 달려온 처녀는, 이미 반쯤은 눈물이 어룽져 무너져 내리고 그나마 온전히 감겨 있던 혀를 빼물고, 아침날 눈알은 풀리어 솔가지 위에 어른어른 빛나 보이더란다.

후회

왜 그날 밤 신라를 지나자 내 귀가 울렸을까, 달빛에 본 건 여왕이 아니었을까. 바람 같기도 하고 돌아다보면 보이지 않던, 그 어둠 속 지귀志鬼의 무덤 앞에 얼핏 나와 앉아 울던 그녀. (분粉이 지워져 있었다.) 그녀는, 무심코 달빛에 거울을 한 번 꺼내 봤다. 아직도 거울 속 흐릿하게 눈물로 번져 있는 지귀志鬼, 얼굴이라도 한 번 만지게 할걸. 여자로서, 처음 여왕은 천력天歷의, 후회로 초췌해 보였다. 그 새벽 그들은 석문石門을 열고 다시 천 년에 들었을까. 왜 그날 밤 신라를 지나자, 내 가슴이 그토록 아팠을까.

가위눌림

배를 깔고 누워 시를 따라가다, 그만 깜박 어느 산 밑의 연못에 다다랐다 못물 속엔 산빛과 내 얼굴만이 나란히 비쳐서 어른거린다 갑자기 밑에서 물풀이 손을 뻗어 집어 끌어당기는 대로, 물속에 처박혀 들어가 바위 사이 전신이 휘감겼다 물은 처음, 내 손발을 적시고, 내 속옷과 살을 적시고, 그 물속의 한없이 멍멍한 한낮의 콧구멍과 귓구멍을 적시고 발버둥 치며 발버둥 치며 빠져나오려는 내 숨 막힌 목줄을 적시고, 물은, 극도의 강렬한 생生에 다다라서야 비로소, 꿈 밖으로 날 끄집어내어 숨통을 틔운다

문제는 '그것'이 앎의 대상이 되는 즉시 '불가능'으로 바뀐다는 점이다. 우리는 '그것'을 알 수 없고, 단지 '그것'이 될 수 있을 뿐이다. 사실 된다는 말은 맞지 않다. 이미 되어 있는 것을 알 뿐이다. 그러나 이미 되어 있는 것을 안다는 것 또한 어폐가 있다. 그 또한 앎이며, 따라서 '긁어 부스럼'이고 '평지풍파平地風波'이다. 그렇다고 알지 않으면 '되어 있을' 수도 없다. 왜냐하면 되어 있는 것 또한 앎이기 때문이다.

르네 샤르에 의해 '영원한 바깥의 흐름', 혹은 '죽음의 유골함'과 가깝지만 '혼례 가능한 저 너머'로 명명되는 '그것'의 자리는 우리가 한 번도 머문 적 없고, 머물 수도 없는 곳이며, 그럼에도 여전히 우리 안에 찾아지는 곳이다. 이 자리를 기억/보존하고 모험/실패할 수 있는 유일한 수단은 언어이다.

예술은 언어로 표현할 수 없는 것을 표현하려다 실패하는 형식이다.

이성복, 「불가능 시론」에서

제3부

처녀와 바다

거짓말

1

비는 퍼붓고, 여름 장대비는 퍼붓고,
퀴퀴한 지린 냄새 음습한 골방.
부들 부들 부들
격렬하게
엄마는 내 손 찾고 있었다.
아아아악, 아아아악, 단말마,
비명 소리 났다.
젊은 엄마 손아귀 움켜쥔 내 작은 오른손
마구마구 버둥치며 빼내려 해도
빠지지 않던 손의 공포.
놀라 달려온 동네 어른들
죽은 엄마 손가락 부러뜨려 빼내 주었다.
흐늘흐늘 늘어진 손가락 보며,
밤새 죽은 엄마 관棺 옆에 붙어 있었다.

2

차마, 발길 안 떨어졌으리.
11살 어린 날 두고 차마, 숨 안 떨어졌으리.
거짓말처럼, 거짓말처럼
송천강 흘러흘러 밤바다 안기는데,
천지간 내 엄마 묻어 줄 사람도 땅도 없어,
광목 한 필 죽은 엄마 둘둘 말아 리어카에 실었다.
방문 앞 기둥, 매달린 석유병 들고,
한밤중 관어대 뒷산 공터 엄마를 내렸다.
내 나이 그때 11살,
나무껍질 모아 죽은 엄마 곁에 모아
기름 붓고 성냥불 그었다.
화~악, 불길 치솟아, 너울너울 불길 치솟아,
어머니 마지막 가실 모습 차마 볼 수 없어
한달음 언덕을 뛰어 내려온 난,
한 점 불빛 없는 외딴집 혼자 남아
죽은 엄마 베개 끌어안고 엉엉 무서웠다.

3

그때 내 나이 11살.
온밤 꼬박 뜬눈 새우고
그 새벽 어머니 마지막 수습하려고
관어대 언덕으로 살금살금 되올라갔다.
거짓말처럼, 거짓말처럼
뼈만 남아야 할 어머닌,
빈 공터 오도카니 홀로 앉아 계셨다.
나무는 다 타고
아랫도리만 잃은 채,
젊은 어머닌 반쯤 불탄 모습으로
날 보고 계셨다.
번개 꽂힌 듯, 번개 꽂힌 듯
덜, 덜, 덜, 덜, 턱 굳었다.
나무 다시 긁어모아 반쪽 어머니 또 눕혔다.
거짓말처럼 거짓말처럼, 그렁그렁
내 두 눈 그득, 불 고였다.

* 손경찬의 수필 「거짓말」을 읽고.

처녀와 바다

—시간의 저편 너머에 묻힌 H에게

내 마음속엔 언제나 해당화 꽃처럼 붉게 멈춰 버린
처녀의 무덤이 산답니다
저 바닷가 물 밑에 가라앉아
진주가 돼 버린 처녀랍니다
처녀는 곱고 수줍고 아름다운 머릿결이 물풀 같았습니다
우리는 어린 시절 운명처럼 만나
아침마다 해가 뜨기 전 금빛 물결이 일렁이는
바닷물 위 걸어서
해를 만지러 가곤 했습니다
해는 출렁이는 우리의 운명 같아
잡힐 듯 잡힐 듯 손길에서 멀어졌습니다
나는 언제나 죽음이 두려웠습니다
그렇게 처녀는 그 겨울 바다 속 생生이 잠기고
영원히 바닥에 잠겨서 물풀에 가려졌습니다
그 후 난, 문득문득 깊은 밤 혼자 잠에서 깨어나 웁니다
그토록 그리운 처녀는, 내 바다 위 어디에도 없고
백사장 흰 모래알 속에나 등대 불빛 밑으로
찾고 또 찾아 헤맸지만,

잃어버린 바닷길은 그대로 천 길 물길이 되었습니다
그러면 이따금 처녀는 그 처녀는, 저 먼 시간의 저편 너머 수평선에서
붉은 해를 타고 올라와,
그 새벽 깨어나 우는 내 서러운 등을 두 손길로 따뜻이 어루만져 줍니다

봄 한 놈

오도 가도 못하고

흰 눈 속 매화 행간 갇힌

봄 한 놈,

휘어진 달빛 가지 붙잡고

밤새,

시구詩句를

넣었다 뺐다

별의별 짓을 다 하다

어라, 결국

은유 국자로 술을 떠

불콰하니 취했네

봄 한 놈,

기어이 그 밤

힘은 뻗쳐

매화 허리 안고

달빛 그림자에 포갰네

눈물

어머니는 이따금, 내 문門을 열고 들어온다 달 아래 천천히 연못 둘레를 걷거나, 때때로 생生이 막막해 어찌할 수 없는 불안에 휩싸일 때, 심장 근처서 어머닌 두근거리며 서 있다가, 내 야윈 얼굴을 어루만진다 이 세상 가장 슬픈 눈물 앞에서, 그녀는 무덤이 된다

그렇게 그녀는 내 문門을 열고 들어와 안쓰레 흐느끼다 돌아간다 그 아픈 통증, 내 늑골의 병病을 꺼내 어머닌 치맛자락으로 감싸, 첫 수탉이 울기 전 흙으로 돌아간다

고흐*의 시

—인생의 고통이란 살아 있는 그 자체다

1. 까마귀가 있는 보리밭(1890년 작)

수천만 개 보리 이삭들이 그 밤중 폭풍 속 휘감겨 어떻게 시달렸는지, 캄캄한 칠흑의 두려움 더듬으며 떨리는 우주 가는 숨결 붙잡고, 그 뽑히지 않으려던 뿌리들의 외론 몸부림 겪어 보지 않은 자者는 모르지

'가장 큰 슬픔이 가장 큰 아름다움 낳느니'

아아아아아! 참혹한 절벽 끝에서 고흐는 절규하고 있었다 까옥, 까옥, 까옥, 까옥, 까옥, 이상한 눈빛 번들거리는 까마귀 떼들 미친 울음과 퍼드덕퍼드덕 머리 속 마구 쪼아 대는 그 분열의 비명 속에서, 고흐는 전신의 속력으로 명품名品 향해 미친 듯이 인류의 심안心眼을 뚫고 있었다

2. 론강의 별 달밤 (1888년 작)

비로소 고흐는 이 그림 속에서 영원의 미美를 얻는다 저

무한한 우주 별빛 속에서 사라진 혼령과 움직이는 강물의 리듬이 밤 불빛에 흘러넘친 너무나 벅찬 시정詩情이, 그림 「론강의 별 달밤」 속엔 있다 몸이 물에 빨려드는 환시와 그림 속 들려오는 환청의 착각 속에서 9월 강둑을 걷고 있노라면, 차원 높은 예술미의 향긋한 향기가 소곤거리는 연인들의 코 밑으로 스며 들어간다

물속에서도 젖지 않는 달빛의 관입觀入—보들레르와 릴케와 이백을 온통 뒤흔든, 저 물아일체의 위대한 영감의 극치 인간 영혼이 이렇게도 아름답게 제 육신 불태워 인류 정신사의 한 궤적이 된다는 것,—그저 놀라울 뿐! 이 그림 밖에서 고흐는, 붓 하나로 또 하나 부활을 얻어 점점 더 시공을 타고 넘어 인류 황홀경이 되고 있었다

3. 해바라기가 있는 정물(1887년 작)

인류 여인들이 어떻게 낮 동안 이글이글 겨울 아궁이 불을 피워 저마다 밤 기다렸는지, 고흐의 해바라기 보면

안다 그것은 달빛 아래 처음 누운 꽃의 신음이 아니라, '뚝, 뚝, 뚝, 뚝, 뚝,' 핏물이 살 번지는 시달린 탯줄의 줄기 걷어 내 본 여인만이 아는 방, ―저 존재의 밑바닥 닿아서야 비로소 열리는, '벌겋게 달궈진 열락悅樂의 방'

아흐! 고흐는, 저 모로 누운 여인들 외론 몸이 우주 불구덩임을 어느 날 문득, 해바라기 벌어진 사타구니서 보았다

* 1853~1890. 네덜란드 화가

장암봉과 우리 가족 아침 밥상

파란 하늘과 흰 구름 끝없이 열린 장암봉 정상입니다 동쪽 건너편 산정엔 법이산 용지봉 병풍산 형제처럼 나란히 한눈에 들어옵니다 그 너머 산 아래엔 지산동과 범물이 이웃 인정人情의 한 계곡 이뤄 삽니다 장암봉은 내 고장 신천을 한눈에 볼 수 있는 가장 시적詩的인 봉우리입니다 신천은 비슬산 겨울 눈이 가창을 따라 사람이 그리워 녹아 흘러 내려온 봄 산골 순진한 물입니다 미류美流 금호강이 대구 어머니라면, 신천은 대구 도심의 큰딸입니다 비 온 뒤, 여름 팔공산 그 거대한 북쪽 휘어진 능선을 배경으로, 도시 처녀의 곡선처럼 접혔다 펴졌다 휘굽어 가는 물오리 백로 노는 신천의 저물녘은, 외로운 이들의 커다란 쉼터입니다

이따금 아주 이따금 우리 가족은, 일요일 되면 그 천변 개울을 건너 산성산 용두골 숲 속 지나 산솔새 우는 장암봉 꼭대기로 소풍 갑니다 난 한가득 등산 가방 시정詩情을 채워 넣고, 아내는 아내대로 분주히 아침밥 정성껏 찬합에 포개고, 8살 딸 다옌 두 눈 가득 꿈 부풀고, 아들놈 대용인 신나게 달랑달랑 6살 풋고추 붕알을 달고, 비탈진 장암봉

허리선 다잡고 오릅니다 이윽고 두 발 딛고, 흐르는 땀 닦으며 탁 트인 그 봉우리 우리가 밟고 올라서면, 저 발아래 땅강아지처럼 옹기종기 붙어 사는 윗동네 아랫동네 골목골목이, 두 아이 탄성과 박수 속 손바닥만 한 지도책처럼 펼쳐집니다 진정, 아무리 작은 고장이라도 사랑하는 눈이 열리면, 우주 모든 깊이와 신비로운 경이감이 그곳에서 생겨나, 더 큰 고장으로 아름다운 울림 되어 멀리멀리 퍼져갑니다

우리는 그 아침 해 떠 오는 장암봉 바위 위에서 흰쌀밥과 계란 부침과, 생오이 된장과 갓 담근 햇김치를, 저마다 숟갈 가득 붕긋 떠서 입 안 가득 맛있게 먹습니다 그러면 신천은 그림처럼 우리들 밥상 앞에서 흘러가고, 높고 먼 하늘만 이 세상 가장 따스한 눈길로 우리 가족 행복을 지켜봅니다

시와 사유 · 네엣

베케트의 말함은 차이—사이가 빚어낸 목소리의 현상이다. 시적 발화가 아니면 도저히 드러낼 수 없는 앎과 느낌, 그것은 알랭 바디우의 경우 베케트의 글쓰기를 전유하는 방식으로 이루어진다. 모든 사건이나 사건의 현존에 대한 명명은 본질적으로 시적이다. (……) 부챗살처럼, 묵시록의 고난처럼 퍼지는 아침의 빛과 열은 그림자가 지붕 위로 내려 앉는다. 점차 밝아지는 밤, 시간을 공간화하는 광활한 밤이다. 이 허-공이라는, 밤이라는 공포가 엄습해 오면 하루가 일생인 이에게 삶은 '인위적 유용성'이며, 개별성으로서 '또다른 나'이다. 페소아에겐 우울과 광휘, 풍경과 상처의 내면(성)이 있다. 진리에 대한 회상과 기억의 방식으로서 철학과 시가 공속 관계에 있다면, 바디우가 말한 위대한 예술의 시대에 인간은 예술에 '대하여' 사유하는 것이 아니라, 예술'로부터' 사유한다.

김상환의 미학에세이 「화이트헤드/페소아/베케트」에서

제 4 부

깍지

깍지

내 손을 낚아챈 그녀에게 아내가 있어 안 된다고 했다. 곁에 벗은 예쁜 속옷은 유채꽃 빛이었다. 등 뒤에서 그녀가 "오늘 밤만이라도 하늘 물속을 헤엄쳐, 저 샛별까지 갈 수 없냐"고 내 허리를 꽉 깍지로 껴안았지만, 나는 두 자식이 있어 진짜, 안 된다고 뿌리쳤다.

돌아보지 말걸, 꿈속 그녀는 알몸으로 초승달 위에 웅크려 울고 있었다.

어쩐 일인지 나는 그 밤부터 꿈만 꾸면, 구름 위로 떠오르는 달에게 올라타는 연습을 한다. 제멋대로 엉켜 버린 두 인연이 천 년의 허공 속에 헛돌지라도, 미친 듯 미친 듯 그녀를 위해, 나는 밤마다 꿈속에서 달을 타는 연습을 한다.

그 애의 손

복사꽃 그림자 두 손은 돌에 묶인 채

연못 속 바닥에 가라앉아 있었다

꽂힌 칼끝에 고인 핏물이 번질 때

찢긴 꽃잎은 눈이 풀리어

물 밖 세상의 노을을 보고 있었지만,

간밤 물속 잠긴 구름이 검은 머리카락을

건져 올리는 동안,

그 복사꽃 그림자 엄마는

물풀 속 거꾸로 목이 감긴 채

울컥울컥 분홍 피를 내뱉고 있었다

귓속 물이 차

띠풀은 귀를 허공에 넣고

비가 빗소리 몰고 오는 짓을 다 듣고 있었다

그 아랫도리 볼쭘한 새 무덤 위에서

참 희한도 하지

비가 빗소리 몰고 가는 짓을 다 알고나 있었다는 듯

띠풀은 귓속 물이 차

자꾸 자꾸 왼쪽 귀를 털고 있었다

눈

너, 나 보이니
불 속 떨어져 울고 있는
내 눈 보이니
형체도 없이 소리로 떠돌다 엉키어
천 년 허공 건너와
이렇게 내 심장 뜯어내는 걸,

너, 나 느끼니
불 속 던져져
또다시 천 년 허공 건너서
그렇게 우린 녹아 사라질 텐데,
너, 나, 정말 보이니

국화꽃밭 문 옆엔 가을비가 울고 있었어요

국화꽃밭 문 옆엔 가을비가 울고 있었어요

빗물이 하늘을 물고 내려와

꽃밭에 흘러내리고 있는 줄도 모르고

그 저녁 앞발을 괸 채 죽어 있던 어미 고양이

새끼는 빗속에 젖어 날 쳐다보고 있었는데,

국화꽃밭 속엔 어미가 어둠 속 웅크리고 죽어 있었어요

어허

지난 겨울 저놈은

대감 뒤통수를 친 죽일 놈인데,

어찌, 거두시려 합니까

어허, 지금은 봄이니라

너는 어찌, 저자者의 겨울만 보느냐

시와 사유 · 다섯

시적 창조에서는 재료나 기구에 대한 구속을 찾아볼 수 없으며 그것들에 자유를 부여한다. 말, 소리, 색깔 그리고 그 밖의 재료들은 시의 궤도에 진입하자마자 변화를 겪는다. 여전히 의미 작용과 의사소통의 도구이면서 '다른 사물'로 변화된다. 기술의 영역과는 반대로 진행되는 그러한 변화는 원래의 본성을 포기하는 것이 아니라 거기로 돌아간다. '다른 사물'이 된다는 것은 실상 '원래의 사물'이 되는 것이며 '원래의 사물'이란 태초부터 실재적인 그런 것이다. 다른 한편으로, 조각이 된 돌, 그림의 빨간 색, 시편의 말은 순수하고 단순한 돌이나 색, 말이 아니라 그것들을 초월하고 뛰어넘는 어떤 것을 구현한다. 그것들은 일차적인 가치, 원래의 무게를 잃지 않은 채, 피안彼岸에 닿는 다리가 되며 일상의 단순한 언어로는 말할 수 없는 기의들의 또 다른 세계로 열리는 문이 된다. (……) 시편은 순수한 시간에 도달하는 통로이며 실존의 생명수에의 잠항潛航이다. 시는 끊임없이 창조하는 리듬 이외에 그 어떤 것도 아니다.

옥타비오 파스 / 김홍근·김은중 옮김, 「시와 시편—序」(『활과 리라』)에서

제5부

꽃과 여인

꽃과 여인

비는 왠지, 종일 모로 누워 우는 듯했다. 손 베개를 괸 채 시달린 병에 지친 여인처럼, 비는, 눈가에 눈물이 번져 오고 있었다.

그 봄날 앞마당 꽃잎에 떨구던 빗물을 세며,
"다음 생은 꼬옥, 꽃이 돼야지."
자꾸 쓸쓸한 예감 쪽으로 말이 젖던,

그 비는, 곱고 야윈 겨울 아침 몸을 벗고, 흰 눈 속 꽃을 피우려 하늘로 들었다.

거지와 무위無爲

그 여름 우리는 법이산 숲속에서 만났다 매미 소린 구름 위에 걸어 두고 소나무 둥치를 베고 잠든 그 녀석은 참 편해 보였다 아무렇게나 웃자란 콧수염과 흙 묻은 배추 뿌리 얼굴을 한 그 거지 녀석은, 세상 걱정 같은 건 아예, 터진 양말 속에 꿰매 놓고 있었다

난 딱따구리와 함께 한동안 녀석의 잠든 모습을 지켜보다가 문득, '거지는 무위無爲가 아닐까' 얼토당토아니한 데까지 생각이 뻗쳤다 그도 그럴 것이 내가 세상에서 만난 그 어떤 인간 부류보다 선善해 보였기 때문이다 그만큼 녀석의 잠든 모양은, 산을 닮았다.

그래서일까, 아침마다 매일 그 녀석은 숲 속에서 자고 일어나 수성못 여름 못둑 위로 어슬렁거리며 걸어 나온다 해가 의자를 따뜻이 덥혀 놓으면, 무슨 신선처럼 지그시 눈을 감고 그곳에 드러눕는다 호수 위 물오리와 백로가 싸악 그림처럼 날아올라도 본 둥 만 둥 하고, 도통道通이나 한 듯, 하늘을 제 육신 쪽에 끌어당겨 덮고는, 또 한 번 그 무위의 두벌잠 속으로 깊이깊이 빠져든다.

* 법이산(法伊山, 200m)은 대구 수성못을 품고 있는 뒷산으로 아침저녁 산책하기엔 참으로 좋은 곳이다.

덩굴손

덩굴손은 왜, 생각이나 있는 것처럼
그 거미줄을 돌돌 감고 있었을까
축 늘어진 시간이
군데군데 뚫린 구름을 깁고 있는 기미도 못 챈 채
무슨 법칙처럼 완강히
오른쪽에서 왼쪽으로 비스듬히 손목을 틀면서

또 왜, 그때 그 덩굴손은
무슨 생각이나 난 것처럼
감았던 제 손을 얼른 풀고는
거미줄 밖 허공의 피부를 이리저리 만져 보다가
고개 돌려, 날 그렇게 쳐다봤을까

사람

두려웁구나. 영원할 것도 영원한 것도 없는 이것을 보면, 그저

뜨뜻하구나. 그 뜨거운 눈물을 보면, 가는 것도 오는 것도 다 아름다운 것을,

그리웁구나. 저 애틋한 가슴은, 그저

서늘하구나. 그렇게 한밤중 돌아서면, 모든 것이 다 풀리는 것을

돌아다보는구나. 지운 것도 지울 것도 없는 이 세상, 그저

한바탕 잘 꾼 꿈이구나

인생

만 년을 껴안고 뒹굴어 봐라 여자 다 아는가
천 년을 낳아 봐라 남자 다 아는가
알 둥 말 둥 보일 둥 말 둥
그렇게 한세상 건너가면 되지
인간사 좋을 땐 한겨울도 꽃밭 같고,
뚱하면 등짝이 지옥 같다
우리 다 백 년 새 하늘에 눕는 거 알지,
부모 자식 간도 삐걱거리는 소리 천 번 만 번인데
남은, 말할 게 없다
공연히 헛것에 마음 붕 떠서 떠돌지 마라
알고 보면, 이 힘들고 쓸쓸한 날, 행복의 모든 것이다

무중력

—오너라, 내 가슴속에, 매정하고 귀먹은 사람아

(「망각의 강」 중에서—보들레르)

끝내 저렇게 내린 흰 눈 위에 길이 지워지겠구나

아들이 올 텐데

어둠은 자꾸 병원 격자창에 차갑게 들러붙는데

입술로 흘러든 망각은 물이 찼는데

아들은 꼭 온다고 했는데……,

쉴 새 없이 웅얼거리다 졸아 붙은 치매 입술

수북 빠진 머리칼 곁에 헝클어진 늙은 의자 한 개

아들이 올 텐데, 아들은 꼭 온다고 했는데

함몰된 기억 뒤쪽엔

뼈만 앙상한 등받이만 남은 채

복도 계단 밑 웅크린 여자의 눈 풀린 동공 속엔

밤새 녹아내린 흰 눈이 또 길을 지우겠구나

자선 시론

시가 태어난 자리

자선 시론

시가 태어난 자리

김 동 원

시詩와 시인

시는 보기는 하되 보지 못하고, 듣기는 하되 듣지 못한다. 하여, 사물은 침묵하고 인간은 말한다. 시인은 사람도 아니고 귀신도 아니며, 이승과 저승 어디에도 속하지 않는 음허陰虛한 존재이다. 시는, 행간마다 화두를 뚫어야 보이는 독참獨參이다. 하여 시는, 시를 만나면 시를 죽이고, 시인을 만나면 시인을 죽여야만 관觀을 얻는다. 시를 말하는 자는 시를 모르고, 시를 아는 자는 말하지 않듯, 시의 경계는 선善도 되고 악惡도 된다. 시는 도끼를 갈아서 바늘을 만드는 과정이다. 시인은 사물과 언어가 관통하는 고통의 통로다. 시는 시그니피에(기의)와 시그니피앙(기표) 사이에서 사라진다. 하여, 시의 무의식은 언제나 의식의 터진 틈 사이에서 여러 겹으로 흔들거린다.

시가 태어난 자리가 본디 꽃자리이다. 시는 시시각각 휘황찬란하다. 흉중에 젖은 불이다. 천 갈래 만 갈래 찢어지고 갈라지다, 끝내 한 곳에 모인 것이 시다. 시의 심장은 고인 핏속에 슨 구더기다. 사람살이의 갈라진 바닥이 시다. 시적 진실은 과학적 사실 너머에 존재한다. 시는 시 아닌 것을 시로 여긴다. 겨울 흰 눈 속에 핀 매화가 꽃의 진경이듯, 시는 모순과 갈등 속에 핀 언어의 꽃이다. 시는 인간 영혼의 바다를 정화하는 소금이자 천기누설이다. 하여, 시는 신神이다. 시인은 천지 만물 속에 내재한 신을 해방시킨다. 영원 회귀의 입장에서 보면, 사물 간의 연기緣起는, 서로 동화하고 드나들며, 이어지고 변화한다. 이런 세계에서는 모든 사물 간 걸림이 없다. 즉, '하나가 곧 일체이고 일체가 곧 하나一卽多 多卽一'이다. 하여, 우주 일체는 그 어느 하나라도 홀로 있거나, 일어나는 일이 없이, 모두가 끝없는 시공 속에서 서로의 원인이 되며, 대립을 초월하여, 하나로 융합한다. 하여, 아무리 아름다운 시일지라도 궁극엔 헛것이며, 그 헛것의 본질은 비극적이다.

"무릇, 세상 만물은 무엇인가 평안함을 얻지 못하면 소리 내어 우는 법이다大凡物不得其平則鳴."(韓愈, 당 768~824년) 하여, 시는 천지 만물을 위해 울어 주는 곡비哭婢다. "시란 궁한 연후에 나온다詩窮而後工."(歐陽脩, 송 1007~1072년) 하여, 시의 밥그릇은 텅 빈 기물이다. 나에게 서정시란 가슴 한 켠 고인 녹슨 붉은 물이다. 벅차고 아름다운 감정의 기억에 덮인 슬픈 빙하다. 동서고금의 시詩와 논論을 찾아 묵향과 노닌 지도 서른 해가 가깝다. 모란이 핀 시락당詩樂堂에 앉아 밤낮 행간을 바장이며 읽고, 말하고, 더러는 길을 떠났다. 시의 안을 헤매다 밖을 잃기도 하고, 밖을 헤매다 안을 잃기도 했다. 시는, 첫사랑의 흰 눈이자 이별의 폭설이다. 이것을 말하는가 하면, 저것에가 있고, 저것을 말하는가 하면, 이미 그것 너머에 존재한다. 아득한 마음의 천 길 벼랑이 '나'와 '타자'의 거리이자, 그리움의 무늬요, 외로움의 공간이다.

하여 시는, 태초의 집이다. 유한한 세계를 짜 올려 무한을 짓는다. 시는 언어 밖에 있고 언어 안에 있다. 수십억 년 지었다 부순, 몸 가진 것들의 창조와 몸 없는 것들의 파괴이다. 시는 몸의 감옥을 부수고 뛰쳐나와 길道의 자유를 얻는다. 시는 색채다. 원형으로 가는 순결의 흰색이자, 모든 색이 다 집결한 검은색이다. 하여, 대상을 욕망하는 천지간의 무늬다. 시는 촉감이다. 바람의 악기로 직조된 음音이다. 만물의 선율로 그려낸 이미지이다. 서정시는 답답한 가슴이 뻥 뚫리는 구멍이다. 하여, 서정시는 내 몸을 관통한 접신이자 신명이다. 지극至極을 통해 울리는 종소리이다. 시는 환幻이다. 잠깐, 허공에 보였다 사라지는 복사꽃 빛이다. 아니, 꽃빛 너머에 흔들리는 비바람이다. 시는 무너진 억장이다. 언어의 지문이

문드러져 버린, 무無의 손바닥이요 발바닥이다.

곰곰 생각해 보면, 시는 생사生死의 그림자놀이다. 시는 선禪이면서 선禪이 아니요, 시詩이면서 시詩가 아니다. 하여, 시란 언어 이전도 아니요, 언어 이후도 아니다. 시는 추상을 통해 구상으로 직진하고, 구상을 통해 추상을 초월한다. 시는 '언어'를 통해 이 세상 모든 더러운 '색色과 공空'의 욕망을 대신 닦아 준다. 알고 보면, 언어는 우주의 욕망의 기호다. 상극을 뚫어 상생을 추구하며, 주관과 객관, 안과 밖, 중심과 주변의 이원 구조를 부정한다. 하여, 물과 불의 갈등이 아니라 태극의 조화요, 율려이다. 둘로 나뉘지도 않고 하나에 집착하지도 않는 뫼비우스의 띠다. 하여 시는, 역易의 오행 속에서 한바탕 우주와 함께 배꼽 빠지도록 웃다가는, 몸짓들의 풍자요 해학이다. 그렇다. 나의 시는, 사물의 기미幾微들과 세계의 기척들을 통해, 꿈꾼 자의 노래다. '지금 여기'를 자각한, 시에 미친 자의 서정의 노래다.

고향

떠오르는 아침 해만 보면 어머니는 "아이구, 바다 속에 장작불 잘도 타는 것 보래이" 그러셨다. 동해 바다를 숫제 우리 집의 가마솥으로, 붉은 해를 아궁이의 장작불로, 방어나 고등어나 고기들을 무슨 고봉밥처럼 귀히 여기셨다. 나만 보면 까까머리통을 쓰다듬으며, “누굴 닮아 이리도 잘났노”라며 좋아하셨다. 언제나 엇비슥 웃는 그 청상의 어머니는 봄날 수평선 위에 핀 모란꽃처럼 환하셨다.

어린 때 나는 먼 도시에도 고향 구계항처럼 엄청 많은 물이 집집마다 앞마당 앞에 담겨 있는 줄로만 알았다. 고래가 잡히고 시원한 대구탕국을 마음껏 먹는 그런 동해 바다가 도시 옆구리에 하나씩 매달려 있는 줄로만 알았다. 열두 살 어린 나이로 혼자 대구로 전학 오고서야, 동해 바다는 고향 앞마당에 하나뿐임을 알았다. 그날 엄마의 손에 이끌려 포항 역사驛舍에서 처음 타 보았던 그 기차를 잊을 수가 없다. 나는 마냥 신기하여 차가운 쇳덩어리를 만지고 또 만져 보면서, 고래보다 더 큰 기차간을 경이로운 눈길로 바라보았다. 학교를 파하고 돌아오면, 나는 텅 빈 하숙집 골방에 쪼그려 앉아 늘 바다를 그리워했다. 비릿한 엄마 냄새가 그리웠고 일찍 돌아가신 아버지가 보고 싶어 외로웠다. 아버지는 한겨울 장갑 낀 손이 꽁꽁 얼어붙어도 자식들을 위해 바다로 나가야만 했다. 잡은 고기들은 인근 강구항이나, 구계 어판장에서 상인들에게 팔려 대처로 나갔다. 고된 하루 일을 마치면 노을이 질 무렵 아버지는 자전거를 타고 가족이 있는 집으로 돌아오곤 했다. 바다가 바라다보이는 동구 밖 입구에 서서 네 살의 나는 아버지가 사 오는 알사탕을 침이 고인 채 기다렸다. 그러던 어느 날이었다. 아무리 기다려도 아버지는 돌아오지 않았다. 어린 자식을 홀로 남겨 두고 고기 눈깔 같은 사탕을 사기 위해 당신은 저승의 바다로 서둘러 떠난 것이다.

지천명 끝에 앉은 지금도 생사生死의 진리를 모르지만, 그때 역시도 죽음이 알사탕 같다고만 생각했다. 선친이 돌아가신 날은 몇 날 며칠 장대비가 퍼부었다. 마당에 천막을 치고 문상객을 맞은 나는 마냥 신이 났다. 모처럼 집 마당에 동네 어른들로 넘쳐난 것을 본 나는, 무슨 잔칫날 같은 생각을 했다. 서른의 어머니는 죽은 아버지 관棺을 붙잡고 호곡號哭을 하시고, 그 설움의 깊이를 알 길 없는 난, 맞지도 않는 상복을 입고 천방지축 빗속을 뛰어다녔다. 그 어머니마저 이제 불귀의 객이 되고 만 지금, 어린 철부지를 지켜본 청상의 어머니 흉중은 어떠하였을까. 가슴 한쪽이 무너지는 것 같다.

아버지를 산에 묻고 돌아온 다음 날에도 나는 아버지의 죽음을 실감하지 못했다. 전처럼 자전거를 타고 알사탕을 사서 올 거라는 막연한 생각만 지닌 채, 동구 밖에서 오도카니 앉아 기다렸다. 그다음 날도, 또 그다음 날도 아버지는 돌아오지 않았다. 나는 선친의 친구 분을 만날 때마다, "우리 아버지는 언제 와요?"라고 물었다. 그러면 바다를 가리키며 "네 아버지는 이다음 돈 많이 벌어 저 바다를 건너온단다." 라고 일러 주었다. 그날 이후, 나는 남몰래 언덕에 앉아 바다를 뚫어지게 바라보는 습관이 생겼다. 혹시라도 수평선 너며 붉게 떠오르는 해를 타고 아버지가 물 위로 걸어 나오지 않을까, 하는 환각에 사로잡혔다.

아버지가 보고 싶을 때면 어등漁燈을 켜고 바다를 깨워야만 했다. 여름 새벽, 우연히 동네 형을 따라 소몰이를 하러 마을 뒷산 봉황산 꼭대기에 올랐던 어린 시절, 그 황홀한 일출의 바다를 나는 아직도 잊지 못한다. 그 아침 핏빛의 바다 물속에 잠기어 꿈틀거리던 붉은 햇덩이는, 아비에 대한 나의 원초적 그리움의 색채였다. 두 팔을 벌려 아침 산정에서 "아버지! 아버지!" 하고 목 놓아 외쳤다. 그리 하다, 언제나 고향 구계항은 타향살이의 내게 무명無明과 망집妄執에서 벗어나게 하는 성소聖所이자 씻김의 장소였다.

훗날 고향 사투리로 형상화한 「구계항」(4시집. 그루, 2016)은 어릴 때 나를 키워 준 동해 바다에 대한 곡진한 고마움의 표시이다.

빈 가슴 구멍 난 가슴 별로 꿰매려거든
누님요, 밤바다 보름 달빛이 기막힌
구계항 한 번 놀러 오이소
한마음 탁 접고 눈 한 번 질끈 감으면
이 세상 잘난 놈 어디 이꼬
못난 놈 어디 있을라꼬
누님요, 세상만사 다 이자 뿌고

아침 햇덩이 한 번 품고 싶거든
저 고래 떼 파도 위 타고 넘는
동해로 마카 오이소
미주구리 초고추장 듬뿍 찍어
소주 한 잔 허허 호호
소주 두 잔 우하하 호호홋
수평선 끌어안고 쭉쭉 들이켜다 보면,
안 풀리는 거 어디 인능교
누님요, 천년만년 사능교
이 한 밤 불콰하니 백사장 취해 누워
밀물도 좋고 썰물도 좋은 항구가 되입시더
눈 감으면 저승 눈 뜨면 이승 아잉교
묻지 마소, 묻지 마소
하늘 길 어디로 가는지 묻지 마이소
빈 가슴 구멍 난 가슴 밤바다 별로 꿰매려거든,
시끌벅적 갈매기 울음 요란한
구계항 밤 등대 보러 마카마카 오이소, 누님요!

—「구계항」 전문

첫사랑

첫사랑은 이승에 없는 꽃밭이다. 무의식의 기억에서 의식의 꽃망울은 핀다. 첫 눈을 떴을 때, 우리 집 마당 앞엔 동해의 빨간 해가 물속에서 놀고 있었다. 갈매기 울음소리가 들리는 탁 트인 바다는 나의 놀이터였다. 모래사장은 또래들의 장난 화폭이었다. 소녀와 조개를 주워 그림을 그리면 밀물이 이내 지워 버렸다. 나의 소년기의 해와 달은 첫사랑 소녀를 중심으로 돌았다. 초여름부터 늦여름까지 나는 발가숭이로 온통 바다를 휘젓고 다녔다. 어쩌다 소낙비가 바닷물 위로 달아나면, 하늘의 아름다운 작은 물기둥들이 악기 소리를 냈다. 내 엄마와 소녀의 손을 잡고 본 수천만 개의 눈꽃 송이들이 바다로 떨어져 녹아내리는 모습은, 잊히지 않는다. 자맥질로 본 물속 풍경은 어린 내 눈엔 환상이었다. 하늘거리는 갈색 미역 사이로 작은 노래미들이 움직이는 모습은 아름다운 물속 동화 같았다. 아이들과 편을 갈라 오랫동안 물속에서 숨을 참는 시합을 하곤 했다. 진 쪽은 조개나 고둥을 잡아 바위틈 사이에 불을 지펴, 양은 냄비에 넣고 삶아야 했다. 그럴 때마다 소녀는 늘 내 곁에서 분꽃처럼 예쁘게 피어 있었다.

수천만 개의 분꽃이 수평선에 폈어요

해가 먹고 싶어! 소녀는
소년의 바다를 소리쳐 불렀어요

소년이 안고 올라온 해를
소녀가 한입 베어 먹었을 때

해를 든 소년의 손이
제일 먼저 녹았어요

다음은 소녀의 얼굴이
그다음은 두 몸이 녹아 버렸어요

소녀와 소년은
바닷물 속 함께 녹아 버렸어요

—「해가 먹고 싶어」 전문

「해가 먹고 싶어」(『깍지』 그루, 2016)는 12살 어린 심장으로 돌아가 쓴 시이다. 그때 이미 나는 사랑의 불을 알았다. 처음 안아 본 그 앳된 소녀를 나는, 밤마다 손바닥 위에 올려놓고 바라보았다. 꿈속 분홍 분꽃이 다 떨어졌을 땐, 내 심장은 해와 함께 바다 물속에 녹아 버렸다. 그랬다. 두 번 다시 피지 않을 그 꽃에 대해, 나는 한 번도 하늘에 묻지 않았다. 훗날 젊은 시인의 눈물이 되어 그 엉킨 피를 「처녀와 바다」(『구멍』 그루, 2002)란 시에서 영원히 묻있다.

내 마음속엔 언제나 해당화 꽃처럼 붉게 멈춰 버린
처녀의 무덤이 산답니다
저 바닷가 물 밑에 가라앉아
진주가 돼 버린 처녀랍니다
처녀는 곱고 수줍고 아름다운 머릿결이 물풀 같았습니다
우리는 어린 시절 운명처럼 만나
아침마다 해가 뜨기 전 금빛 물결이 일렁이는
바닷물 위 걸어서
해를 만지러 가곤 했습니다
해는 출렁이는 우리의 운명 같아
잡힐 듯 잡힐 듯 손길에서 멀어졌습니다
나는 언제나 죽음이 두려웠습니다
그렇게 처녀는 그 겨울 바다 속 생生이 잠기고
영원히 바닥에 잠겨서 물풀에 가려졌습니다
그 후 난, 문득문득 깊은 밤 혼자 잠에서 깨어나 웁니다
그토록 그리운 처녀는, 내 바다 위 어디에도 없고
백사장 흰 모래알 속에나 등대 불빛 밑으로
찾고 또 찾아 헤맸지만,
잃어버린 바닷길은 그대로 천 길 물길이 되었습니다
그러면 이따금 처녀는 그 처녀는, 저 먼 시간의 저편 너머 수평선에서
붉은 해를 타고 올라와,

그 새벽 깨어나 우는 내 서러운 등을 두 손길로 따뜻이 어
루만져 줍니다

—「처녀와 바다—수평선 저 너머에 묻혀 버린 H에게」 전문

「처녀와 바다」는 이유선 시낭송가의 목소리로, 예술기획 '진진아트'에서 영상시로 제작돼 유튜브에 올려졌다. 그녀는 시적 화자의 숨소리, 눈길, 삶의 풍경들을 자신만의 독창적 창법으로 녹여, 소리 행간 속에 시의 의미를 촘촘히 새겨 넣었다. 「처녀와 바다」는 바다를 죽음과 사랑의 부활 공간으로 설정한다. 화자의 마음속엔 언제나 해당화 꽃처럼 붉게 멈춰 버린 처녀의 무덤이 살고 있다. 바닷가 물 밑에 가라앉아 진주가 돼 버린 처녀는, 어린 날 사랑했던 시인의 첫사랑 소녀의 분신이다. 화자는 운명처럼 소녀를 만나 아침마다 해가 뜨기 전, 금빛 물결이 일렁이는 바닷물 위를 걸어서 해를 만지러 가곤 한다. 이 곱고 애절한 슬픈 영상은 죽은 처녀가 물 아래 수초 속에 잠겨들 때, 가장 슬프다. 시 행간 속에는 없지만, 아마 그 소녀와 헤어진 곳도, 흰 눈이 무너져 수평선 위로 흔적 없이 녹아 사라진 겨울 바다였는지도 모른다. 그 바다는 잡힐 듯 잡힐 듯 손길에서 멀어진 소년과 소녀의 첫사랑 이별 장소이자, 소년의 눈물이 고여서 된 바다이다. 수전만 개의 해낭화로 다시 핀 그 바다는 죽은 소녀가 처녀로 부활하는 성소이다. 그렇다. 바다는 죽음과

생의 경계 사이에서 시의 꽃으로 다시 핀다. 그 후 「처녀와 바다」는 이유선에 의해 시 퍼포먼스로 또 한 번 무대 위에서 연출되었다. 퍼포먼스란 희곡 텍스트(대본)에 바탕을 두지 않고, 현장에서 행위예술가에 의해 즉흥적으로 이루어지는 예술이다. 연극이 무대 공연을 전제한다면, 퍼포먼스는 이런 연극의 틀을 벗어난 무작위적 예술 행위다. 모든 행위 예술이 그렇듯, 퍼포먼스 또한 타인과의 소통을 몸짓의 기호로 표현한다. 전통적인 의미에서의 음악, 무용, 연극과 같은 공연 예술performing art을 시로 형상화시킨 것이 아니라, 독립적인 장르로서의 퍼포먼스 시, 즉, 행위예술가의 몸짓을 시로 재해석해 낸 파격이다. 그때까지 사랑과 이별을 주제로 한 시 「처녀와 바다」는, 이유선의 예술적 영감에 의해 퍼포먼스로 재창조되었다.

시마詩魔

시는 듣는 것이 아니라 들리는 것이다. 보는 것이 아니라 보이는 것이다. 오는 것이 아니라 이미 와 있는 것이다. 미치지 않으면(不狂) 미치지 못하는 것(不及)이 시다. 언어로 전하고 마음으로 받는 것이 시감詩感이다. 하여, 시가 무巫에 접하면 신神이 보인다. 명시는 보이지 않기에 들리고 들리지 않기에 보인다. 신품은 행간 사이에 귀신이 지나간 흔적이 있다. 대저, 천지 창조의 시법詩法은 무량하다. 모든 사물의 근본은 하나지만 저마다 생긴 모양이 다르듯, 시법은 한곳으로 귀착되나 그에 이르는 길은 천만 갈래이다. 있는 것은 있는 것이 아니요, 없는 것은 없는 것이 아닌 세계, 그것이 시다. 유有가 유가 아니며 무無가 무가 아니듯, 시는 물질이자 에너지이다. 내가 생각하는 시란 그저 언어 예술의 차원만은 아니다. 언어 이전의 사물과 실재의 비밀은 억겁을 통해 모였다 흩어지고 흩어졌다 다시 모이는 생기(生氣, 生起)에 있다. 시는 이런 생생한 기운과 일어남, 사건 그 자체다. 찰나에 떠오르는 생각의 기미機微와 기색, 기척은, 시인이 아니면 잡을 수 없다. 하여 시인은 시신詩神과 접하거나, 시마詩魔에 들리어 귀신도 반할 귀시鬼詩를 짓거나 귀경鬼景을 펼쳐 보인다. 시의 예지가 번뜩이는 광인狂人이야말로 다름 아닌 시인이다. 시구 한 자를 빼면 우주가 무너지고, 시구 한 자를 더하면 한 우주가 생겨나는 묘처가 시이다. 시는 한바탕 무의식의 꿈이라도 좋다. 그 꿈을 깨고 나면 형形은 상象에 숨고, 상象은 다시 형形에 숨느니. 형상은 호흡에, 호흡은 형상에, 이것은 저것에, 저것은 다시 이것에 숨는, 중중무진重重無盡의 인연이 바로 시다.

> 남 다 가는 길 시인은 그런 길로 가는 게
> 아니야,
> 처음 보는 길 캄캄한 길 되돌아올 수 없는 길

누군 뭐 다 알고 가나, 가다 보면 알겠지
그렇게 가다 보면 달빛도 나오겠지,

안 나와도 못 갈 것 없지
길 없으면,
길 보일 때까지 눌러앉아 쉬면 되거든,
무작정 쉬는 재미 세상사
깜박 다 잊고
구름에 기대 쉬는 재미

여자 꽁무니도 한 번 따라가 보는 거야
모든 게 그 계곡서 흘렀으니,
혹, 그 길 보일지 누가
아나,

올라도 타 보는 거야, 그 상상력의 쾌미快美 속에, 그러다 안
되면
산도 들이받아 보고, 그 아래
처박혀도 보고
한밤중 술병을 들고 신 앞에 나서
버둥거려도 보고,

그래도 그래도 풀리지 않거든,

그 이른 첫새벽 바다가 보이는 언덕 위에서
꺼이꺼이 해를 안고
다 타도록 울면 되지, 이제 알겠지
남 다 가는 길 시인은,
그런 길로 가는 게 아니야

—「시인」 전문

2시집 『구멍』(그루, 2002) 속에 수록되어 있는 「시인」을 탈고할 때만 해도, 나는 나름대로의 다음과 같은 치기 어린 '시인론'을 갖고 있었다.

우선, 시인이 되려는 사람은 꼭 밟고 올라가야 하는 열 단계의 계단이 있다. 그 첫째가 시학인詩學人의 단계다. 이는 '시가 뭘까' 하는 골똘한 배움의 단계로서, 한 번만이라도 시의 얼굴을 몰래 훔쳐봤으면 하는 강렬한 호기심이 인다. 때로는 시를 만져 보고 싶다거나 아무 뜻 없이 시의 뒤쪽으로 가서 그 허리 둘레를 꼭 껴안아 보고 싶은 순수한 충동의 단계다. 둘째는 시교인詩敎人의 단계다. 시 얘기만 나오면 물불을 가리지 않고 누구든 붙들고 시가 뭔가를 가르치려고 한다. 밤새워 시를 논해도 지치는 법이 없다. 이 단계에 오면 세상에서 최고로 시를 많이 아는 척을 하는 자가 된다. 모든 시에 대해 공격적이고 격렬한 시 비판의 행동을 한다. 그에게 있어 자신의 시는 곧 종교며 시만이 이 우주 속에 존재해야 한다는 열망으로 가득 찬다. 셋째는 시작인詩作人의 단계다. 말없이 농부가 들녘의 곡식을 돌보듯 비로소 세상은 격렬한 시 둘레의 논쟁보다 시 작품이 우선한다는 것을 깨닫는다. 작품을 낳기 위한 초산의 진통이 이때 시작된다. 시를 얻기 위한 고독과 외로움이 뒤범벅이 된 상태로 극한 상황에 괴로워 몸부림친다. 수시로 날카로운 시적 광기가 감지된다. 누구 하나 이 시기가 오면 도움이 되지 못한다. 인생이 그러하듯 이 모든 일들은 제 스스로 극복해야 한다. 잠시 깊은 수렁의 환각을 체험하지만, 제 나름의 시 세계를 향해 질주한다. 이때가 시 일생을 통해 가장 힘든 고비다. 어쩌면 애써 낳은 시 작품이 사산될 수도 있다. 넷째는 시견인詩見人의 단계다. 견디고 인내한 자만이 누리는 시 발견자의 기쁨을 갖게 된다. 작품 속에서 타인의 아픔을 다독이고 제 상처를 아물게 할 줄을 안다. 스스로의 위치를 가늠하고 사물에 대한 인식의 포용력을 가지며 시의 본질을 꿰뚫어 볼 줄도 안다. 한껏 자유로운 시적 발상으로 들뜨게 되며, 모든 혼란의 시상들이 이때 제자리를 찾아 돌아간다.

다섯째가 비로소 시인詩人의 단계다. 이때부터 시 습작기를 벗어나 참 의미의 시 입문이 시작된다. 공인으로서 사회성을 가지며 뜻하지 않은 원고 청탁으로 시인은 숙성되지 않은 시 작품을 남발한다. 그 변칙적인 시 생산은 훗날 참담한 결과로 자신에게 고스란히 되돌아온다. 이때는 또 작품에 대한 주위로부터의 요구와 중압은 은연중 굉장하다. 대개 경우의 시인들이 여기에서 기능인으로 주저앉게 된다. 시로 얻은 명예로 인한 교만과 과시의 비만증이 하나 둘 증후군으로 나타난다. 현재의 시인의 영광보다 과거의 시 작품을 낳기 위한 힘든 노정을 깊이 되돌아보아야 할 시점이다. 그리고 시인의 자질을 검증 받을 시기이자, 새로운 시 세계에 대한 도전과 모험심이 촉발될 때다. 이러한 모험에 앞서 내 나라의 시 작품 전반을 추려 뽑아서 깊이 있게 통독해야 하며 세계 여러 나라의 명시를 찾아내 내 공부의 폭을 심화시켜야 한다. 그때까진 자발적 노력에 의해서 시인의 단계에 올랐다면 미래에는 그 노력을 통해 시의 창조적인 영감을 불러낼 때다. 매 작품마다 건강한 세계관이 자신의 시 속에 살아 숨 쉬어야 한다. 하여, 시인의 단계보다 더 높은 품격을 지닌 분들이 딛고 간 계단도 있다. 자신의 시와 그 행동이 일치를 이루는 시행인詩行人의 단계가 여섯 번째다. 큰 시인의 골격이 이때 형성되며 움직이는 몸에선 시 향기가 난다. 일곱째는 시사인詩師人의 단계이다. 시를 사랑하는 모든 이들과 더불어 그 나라 국민들로부터 마음속 뜨거운 존경을 받는다. 여덟 번째는 지극한 인류애와 삼라만상의 이치에 통달한 시성인詩聖人의 단계다. 이들의 정신력은 수천 년 동안 후손들에 의해 전승되고 지켜진다. 아홉 번째는 시선인詩仙人의 단계로, 활달한 시상이 우주 구석구석까지 자유롭게 뻗쳐, 움직이는 기운이 그대로 시가 되는 단계다. 마지막 열 번째는 시천인詩天人의 단계다. 하늘로부터 직접 시의 영감을 부여 받아, 이 경지에 이르면 시로써 이루지 못하는 것이 없다.

카타르시스catharsis

나는 스물여덟에 공사 현장에서 리프트에 낀 사고를 당했다. 그 죽음과 같은 사건은 결혼 후 엄청난 공포와 후유증으로 내 삶을 덮쳤다. 길을 가다 급작스레 명치 근처의 장기 경련과 발작을 일으키며 그대로 바닥에 엎어져 버렸다. 숨통이 끊길 것 같은 통증이었다. 이런 증상이 오면 그 후 나는 그 자리에 바로 주저앉아 30분쯤 온몸 사지를 뒤틀며 경련을 풀어야 했다. 눈물이 쏟아지고 하필 왜 내가 이 몹쓸 고통을 받아야 하는지 수만 번도 더 하늘에 되묻곤 했다. 그 후 나는 두 번의 수술을 겪으며 극심한 우울증과 정신 장애를 겪었다. 그것을 극복하기 위해 병원 치료를 중단하고 숲속 산책, 명상, 기氣 훈련과 함께 시작詩作의 몰입, 명시 탐독을 통해 시 치료의 가능성을 확인한다. 내게 있어 시 읽기와 시 쓰기는 세상살이의 고달픔과 병으로 인해 외부와의 단절감을 극복하는 표현의 한 통로였다. 시 창작이야말로 '나 혼자가 아니라는 것', 개인의 가장 '은밀하고 내밀한 부끄러운 고백'을 거침없이 쏟아낼 수 있는 카타르시스의 공간임을, 미친 듯 시작詩作을 하면서 알았다. 실제로 시 창작에 몰입하면 어느 한순간 갑자기 '환하게 마음이 열리는' 경험을 하게 된다. 두 번의 '쓸개와 코 수술'에서도 전혀 몸 상태가 호전되지 않은 나는 「오십천」을 쓸 무렵 거의 신경 쇠약으로 날마다 혼몽한 상태였다. 오로지 숨을 끊고 싶다는 자살 충동뿐이었다. 극심한 우울과 공황장애는 죽음에 대한 애상에 휩싸이게 했으며, 이유 없이 가슴이 방망이질하거나 온몸이 식은땀에 젖어 부들부들 사시나무 떨 듯 떨기만 했다.

밤마다 돌아가신 어머니를 그토록 애타게 부른 적도 없었다. 사람이 극도로 정신이 불안하니 저절로 '어머니' 소리가 새어 나왔다. 그때 나는 절망적인 심정이 되어 죽기 전 아내와 자식 둘을 데리고 그 옛날 초등학생 때 홀어머니와 함께 보았던 복사꽃밭을 한 번 가 보았으면 하고 생각했다. 그리하여 우리 네 식구는 저 아름다운 동해 바다 길을 따라 갈매기 울음소리 구슬픈 영덕 오십천 천변에 핀 복사꽃밭을 가게 되었다. 어린 아들의 손을 꼭 잡고 바라본 그 복사꽃 빛은 눈물이 어룽져 흘러내려 차마 이루 형언할 수 없었다. 아내와 아이들이 복사꽃밭 사이사이로 신이 나서 뛰어노는 걸 보며 이곳이 이승인지 저승인지 경계 지을 수 없는 먹먹한 마음뿐이었다. 아래에 소개한 「오십천」은 그때 대구로 돌아와 곧바로 착상된 시이다.

어릴 적 난 홀어머니와 함께, 강가 백로 외발로 선 오십천 천변에 핀 복사꽃 꽃구경을 갔다 봄 버들 아래 은어 떼 흰 배를 뒤집고, 물결이 흔들려 뒤척이면 붉은 꽃개울이 생기던, 그 화사한 복사꽃을 처음 보았다 젊은 내 어머니처럼 향기도 곱던 그 복사꽃이 어찌나 좋던지, 그만 깜박 홀려 버렸다 얼마나 시간이 흘렀을까, 갓 서른이 넘은 어머닌 울고 계셨다 내 작은 손을 꼭 쥔 채, 부르르 부르르 떨고 계셨다 그 한낮의 막막한 꽃빛의 어지러움, 난 그 후로 꽃을 만지면 손에 확 불길이 붙는 착각이 왔다

어느새 몸은 바뀌고, 그 옛날 쪽빛 하늘 위엔 흰 구름 덩이만 서서, 과수원 언덕을 내려다본다 새로 벙근 꽃가지 사이로 한껏 신나 뛰어다니는 저 애들과 아내를, 마치 꿈꾸듯 내려다본다

―「오십천」 전문

내가 시집 『구멍』(그루, 2002)에 매달려 근 5년간 몰입과 희열의 퇴고 과정을 겪으며 체감한 카타르시스는, 시작詩作이 병 치료뿐만 아니라 인간 구원의 절실한 희망임을 깨달았다.

절박한 내 아픔을 어머니께서 도우셨는지, 시 「오십천」을 탁마하면서 나의 병은 급속히 호전되었다. 나는 그때 시 낭송의 매력에 푹 빠져 있었다. 하여 이 시는 낭송가 도현정의 낭송으로, 예술기획 '진진아트'에서 영상시로 제작돼 유튜브에 올려졌다. 시와 아름다운 영상과 낭송의 삼중주는 절묘한 화음으로 비친다. 시 「오십천」은 어릴 적 홀어머니와 함께 오십천 천변에 핀 복사꽃 꽃구경을 갔던 추억을 절제와 암시를 통해 시적으로 형상화한 작품이다. "봄 버들 아래 은어 떼 흰 배를 뒤집고 물결이 흔들려 뒤척이면 붉은 꽃개울이 생기던" 오십천 천변에 핀 그 화사한 복사꽃 꽃구경을 하시며 울고 있는 홀어머니의 심리적 굴곡과, "내 작은 손을 꼭 쥔 채, 부르르 부르르 떨고" 있는 시적 화자의 막막한 정서 처리가, 이 시낭송의 핵심이다. 도현정은 목소리, 시적 분위기, 시어의 강약 완급뿐 아니라, 「오십천」을 낭송하면서, 부재로 인한 슬픔과 "꽃을 만지면 손에 확 불길이 붙는" 어머니에 대한 화자 '나'의 애틋함을 슬픈 애조로 격조 높게 표현했다. 이후, 「오십천」은 또 한 번 이지희 뮤지컬 시낭송가에 의해 새롭게 재조명된다. 2015년 대구예술제에 맞춰 올려진 「오십천」의 영상 미학은 관객들로부터 찬사를 받았다. 복사꽃 꽃잎의 서러운 분홍 색감뿐 아니라 젊은 어머니의 클로즈업된 슬픈 이미지의 영상은, 한 번도 무대 위에서 시도된 적이 없는 놀라운 기법이었다. 1연은 시 낭송으로 2연은 1인 뮤지

컬로 처리한 이지희의 연출력은, 영상과 소리 미학이 인쇄 예술을 무대로 불러내는 낭송 문화의 획기적 전환점이 되었다. 이러한 시도는 낭송이 예술의 한 장르로 자리매김될 수 있다는 가능성을 관객에게 깊이 심어 주었다.

수성못

97년 이전만 해도 수성못은 지금처럼 도시 문화로 디자인된 심플한 못둑이 아니라, 허리춤이 반쯤 흘러내린 시골 영감의 엉거주춤한 둑길이었다. 두 번의 수술 후유증으로 인해 나는 날마다 자살 충동을 떨치지 못했다. 폐쇄 공포와 극도의 정신 분열 속에서 미치지 않은 것은, 순전히 그 못 둑 속에 담긴 물 구경 덕분이었다. 새벽 물안개 속의 작은 섬 곁에 묶인 오리배는, 숨 쉬기조차 힘든 내게 저승을 건너가는 돛배처럼 보였다. 봄 개나리꽃 주위로 삼삼오오 다붙어 못둑을 걷던 동네 여자들의 히히덕거리는 수다 소리, 군데군데 벤치에 앉아 담배를 피워 물고 허풍 치는 남자들의 떠들썩한 소리는, 고만고만한 동네 풍경이었다. 수성못 평일 봄 여름은, 땡볕 버들 밑에 쪼그려 앉아 낮술 취한 영감 패가 주류를 이루었다. 가끔씩 늙어 가는 여자들이 그 축에 끼어 안주 발을 돋우는 흥겨운 가락은, 추醜하지 않았다. 우스운 건 온종일 백양나무(지금은 벚꽃나무) 아래 땀을 뻘뻘 흘리며 두꺼운 돋보기를 끼고 남의 팔자나 봐 주는 사주쟁이들이었다. 그네들 사주엔 그 흔한 소주 한잔도 없는지, 빌빌거리며 새타령 홍타령 어깨춤을 추며 노는 그 팔자 좋은 영감들을, 자꾸 부러운 눈길로 바라보는 일이다.

주말은 주말대로 수성못 둘레는 무슨 벚꽃 핀 잔칫집 같았다. 빨간 루즈를 칠하고 나온 꽃뱀 여자, 쭉 쭉 빼입고 나온 제비족, 호수 위 물결을 가르며 장난치는 젊은 연인들의 오리배 탄 정경은 한 폭의 한국화였다. 노을이 앞산 근처서 불콰하게 취할 때쯤, 저녁밥을 일찍 먹고 돗자리 옆에 끼고 동네 할머니랑 애들까지 다 쏟아져 나와 시원한 둑 바람을 쐬었다. 밤마다 어둑한 못 둑 위엔 중년은 중년끼리 노년은 노년끼리 짝패 되어, 맥주에다 소주를 섞어, 오뎅탕 열합 국물을 곁들여 부어라 마셔라 흥청망청했다. 그 당시 수성못은 밤마다 불야성이었다. 가스등은 못물 속에서 흐느적거리고, 포장마차 카바이드 불빛에 흔들거리는 천태만상의 인간 군상들의 취한 얼굴은, 석쇠 위의 꼼장어 안주마냥 정겹기만 했다. 어쩌다 유람선을 한 바퀴 타 보면, 수성랜드 쪽엔 요란한 축포가 터지고, 휘황찬란한 네온사인이 공중에 어지럽게 돌아가고, 놀이 기구에 올라탄 신난 젊은 아가씨들의 째지는 비명 소리가 들렸다. 그렇게 인간 만 가지 시름이 서로 얽혀 뒹굴고 싸우고 풀리고 할 때쯤, 나는 수성못으로 밤 산책을 나왔다.

그때 나는 수성못 물속에 비친 보름달에 심취해 있었다. 물과 달의 교응은 그야말로 황홀했다. 문청 시절 사숙私淑했던 시선 이백(당나라 701~763년)의 「월하독작月下獨酌」 네 수를 다시 꺼내 중얼중얼 읊조린 것도 그 당시였다.

꽃 속에 술 단지 마주 놓고
밝은 달님 잔 속에 맞이하니
달과 그림자 셋이어라
달님은 본시 술 못하고
그림자 건성 떠돌지만
잠시나마 달과 그림자 동반하고
모름지기 봄철 한때나 즐기고저
내가 노래하면 달님은 서성대고
내가 춤을 추면 그림자 흔들대네
깨어서는 함께 어울려 놀고
취해서는 각자 흩어져 가세
영원히 엉킴 없는 교유 맺고저
아득한 은하에서 다시 만나리

—이백, 「월하독작月下獨酌 1」 전문

하늘이 술을 사랑 않으면
하늘에 술별 없었으리라

땅이 술을 사랑 않으면
땅에 술 샘 없었으리라
하늘과 땅이 술을 한결같이 사랑하니
애주는 하늘에 부끄럽지 않고
청주는 성인에 비하고
탁주는 현인과 같다네
성인과 현인을 이미 마셨거늘
하필 신선이 되길 원할쏘냐
석 잔이면 대도에 통하고
한 말이면 자연에 합친다
오직 술꾼만이 취흥을 알 것이니
아예 맹숭이에겐 전하지 말지어다

— 이백, 「월하독작月下獨酌 2」 전문

항상 나는 이백을 거대한 시의 제국을 건설한 대시인으로 흠모했다. 대다수의 국가는 수백 년 안에 흥망성쇠를 거듭하지만, 이백의 시는 천오백 년 동안 장대히 살아남았다. 시는 문체와 성운聲韻이 조화롭게 어울릴 때 위대해진다. "유협은 『문심조룡』에서 이상적인 문장으로 풍風과 골骨과 문채의 3박자를 이야기했다. '풍'이 작가의 사상과 감정, 기질적인 것의 기운생동을 바탕으로 이루어진다면, '골'은 몸을 지탱하게 하는 뼈대로 표현의 짜임새와 체계를 바로 세워 준다.

풍과 골이 살아 있어야 글에 생기가 있고, 동시에 수사의 화려한 '문체'가 빛이 난다. '채采'란 사물에 감응하는 느낌의 총체이다."(장석주)

이백의 「월하독작月下獨酌」이야말로 '풍, 골, 문채' 3박자를 모두 갖춘 절묘한 시가 아닌가. '달 아래 홀로 술 들며'라는 제목부터 얼마나 낭만적인가. "꽃 속에 술 단지 마주 놓고" 불과하니 대취하여 환한 보름달 아래 용천검을 휘두르며 검무를 추는 젊은 이백이 눈에 선하다. 비록 천하를 얻진 못했지만 "내가 노래하면 달님은 서성대고 / 내가 춤을 추면 그림자 흔들대네"에서 드러나듯, 술과 꽃, 보름달과 그림자가 시 속에 혼연일체 된 모습이야말로, 대붕이 하늘에 오르는 웅혼한 경지가 아니고 무엇이겠는가. 기운생동의 '풍風'이 있는가 하면, 죽어서도 "아득한 은하에서 다시 만나길" 소원하는 정신의 '골骨'이 있고, 사물에 접신된 문채文采 또한 기가 막힌다.

나 역시 젊은 날 이백의 「월하독작月下獨酌 1」에 나오는 그대로, 보름달 아래 아리따운 처녀를 끼고 꽃밭 속 술에 취해 밤늦도록 덩싯덩싯 춤추며 좋아한 기억이 또렷하다. 특히 「월하독작月下獨酌 2」를 무척 탐해서 읽었다. "하늘이 술을 사랑 않으면 / 하늘에 술별 없었으리라 / 땅이 술을 사랑 않으면 / 땅에 술 샘 없었으리라 / 하늘과 땅이 술을 한결같이 사랑하니 / 애주는 하늘에 부끄럽지 않고"라는 구절을 외고 다니며, 틈날 때마다 고성방가에 두주불사했다. 그때 나는 꼭 시인이 되면, 이백의 「월하독작月下獨酌」에 화답하는 멋진 시를 짓겠노라고 천지신명께 원願을 세웠다. 그 꿈은 마침내 10년 후 봄, 수성못에서 이루어진다.

여자 엉덩이만 한 둥근 보름달이 떴다
내 오늘 법이산 위에서 그 엉덩이 밟고 올라
쑤-욱 구름장 위로 고개를 내밀면,
껄껄껄 시선 이백이
하늘 위서 손을 뻗는다
이렇게 우리는 초저녁 북극성에 걸터앉아
술상이 나오기 전
한 수 시를 짓고,
지구로 떨어지는 별똥을 바라보며
눈앞에 귀찮게 아른거리는 우주선 파리채로 후리고,
참 고운 몸매의 샛별이
웃는 듯 상床을 받쳐 들고 나오면, 안주론
별자리 황소를 굽고
술은 북두칠성 국자로 알콜 성단星團에서 뜨고,
어린것들은 조랑말자리 별에 태워
성도星道를 한 바퀴 천천히
돌게 한다

그렇게 한밤중 거나하게 취하면
우리 둘은 어깨를 끼고
은하수 강가에 배를 띄우는데,
이백은 뱃머리서 월하독작月下獨酌을 읊고
난 취흥에 겨워 저 이쁜 달 엉덩이를 힘껏
'철썩' 때린다
그러면 "으응" 하고 잠 덜 깬
웬 여자 볼멘소리가
방 한구석에 자늑자늑하다

—「보름달—시선 이백의 「월하독작月下獨酌」에 답하여」 전문

수성못과 그 뒤쪽을 병풍처럼 둘러친 법이산과 용지봉까지의 산책길은, 지난 시절 투병의 외로움을 달래 준 나의 공간의 연인이다. 4만 평 가득 물로 채워진 못 둘레를 나는 아침 점심 저녁으로 무려 5년 동안이나 산책했다. 흰 눈이 퍼붓는 법이산에 올라 바라본 겨울 새벽의 수성못은, 그야말로 설경 수묵화였다. 봄밤 벚꽃은 피고 환한 보름달과 네온사인 불빛이 바람에 흔들려 온갖 형상으로 물속에 일렁거릴 때면, 입에서 나도 모르게 시들이 절로 흘러나왔다. 극도로 아픈 몸은 상대적으로 눈에 보이는 만상을 꿈속처럼 만들었다. 둑 아래 물과 빛과 꽃이 한데 뒤엉켜 소곤거리는 듯한 환각을 느끼며, 만약 내가 죽어 저 광활한 우주로 돌아간다면

아름다운 은하수가 되리라 나름 상상했다. 그때 홀연히, 둥 둥 둥 시의 영감靈感이 내 몸으로 들어왔다. 그 길로 집으로 뛰쳐 들어가 4년의 퇴고를 거치면서 완성된 시가 「보름달」(2시집 『구멍』 그루, 2002)이다. 나는 그때 빛의 속도보다 인간 생각의 속도가 더 빠르다는 사실을 직관적으로 이해했다. 단번에 시적 상상력 하나로 북극성에 뛰어올라 시선 이백과 광대무변한 우주 별들을 구경했으니까. 그날 내가 느낀 영감의 황홀경은 이루 형언할 길이 없다. 육체의 오르가즘이요, 정신의 카타르시스였다. 마치 우주와 나와 이백이 실제 은하수의 바다에 노니는 물아일체경의 세계 같았다. 그날 밤 나는 오로지 상상력 한 놈만 데리고, 은하수 강가에 배를 띄우고 시선 이백의 술잔을 공손히 받으며, 참 예쁜 달 엉덩이를 어루만지며 뱃머리에 앉아 호호탕탕 대취했다.

고흐와 나

인간 삶은 어쩌면 고해苦海인지도 모른다. 앞에서 잠깐 언급했듯이, 나는 36살 때 밤낮없이 시에 미쳐 몸을 망친 나머지, 갑자기 길을 가다 우주 쇳덩어리로 온 몸뚱이를 맞는 충격에 휩싸였다. 호흡이 끊어지는 아픔과 고통 속에서 가슴을 움켜삽고 기어서 집에 들어가 그대로 실신했다. 원인 불명의 병으로 극도로 몸이 쇠약해 2년 새 체중이 78kg에서

54kg까지 빠져 버렸다. 환영과 정신 착란으로 공황장애까지 겹쳐 그야말로 피골이 상접했다. 한밤중 피를 토하고 오장육부가 오그라드는 혹독한 마비 증세는 귀신 소리까지 들릴 지경에 이른다. 누군가 방문을 열면 문을 통해 들어온 공기의 극미한 파동 입자가 몸 구석구석까지 소곤거리며 달라붙어 지옥도 그런 아귀지옥이 따로 없을 듯했다. 그러다 발작 끝에 응급실에 실려 가면, 의사는 태연히 신경 쇠약증으로 약 처방을 한다. 몸이 뜯어지는 고통이 있던 어느 날 '이젠 죽는구나' 저절로 생각이 들었다. 아내는 2살 된 딸을 업고 4개월 된 아들(의사의 말로 배 속에 노는 것이 남자 같다고 귀띔해 주어서 알았음.)을 배고 일터로 나간 후였다.

제일 먼저 몇 미터 앞쪽에서 내 눈앞이 어른거렸다. 차츰차츰 시야가 보이지 않더니 두 눈이 힘없이 덮였다. 그러자 배꼽에서 고무풍선 바람 빠지듯, '쉬이—' 소리를 내며 온몸의 기氣가 다 빠져나가지 않는가. 또 어마어마한 속도로 끝없이 어딘가로 빨려들어 가는 느낌을 받았다. 나는 그때 사람 몸속에 블랙홀이 존재한다는 걸 직감했다. 찰라나마 그 때는 어찌나 평온하던지, 그렇게도 아픈 몸이 새털처럼 가벼워졌다. 참으로 고요하고 고요한 암흑 같은 시간이 흘렀다. 마치 텅 빈 우주로 내 영혼이 몸을 빠져나와 걸어가는 듯했다. 그런데 그 진공의 공간 속에서 희한하게도 연거푸 두 생각이 떠올랐다. 이토록 뼈 가죽만 남은 나의 몰골을 돌아가신 어머니가 알아볼까란 한 생각과, 배 속 아들이 평생 골목 앞에서 아비를 기다리면 얼마나 서러울까 생각하니, 갑자기 '살고 싶다'는 강렬한 불길 같은 에너지가 전신을 휘감았다. 그 순간 천지가 뒤바뀌는 듯한, 엄청난 오장 경련이 내 몸의 세포를 찢어발기는 극악의 고통으로 엄습했다. 너무나 살고 싶어 발버둥 치며 고함을 질렀지만, 그 한밤중 방 안은 텅 빈 채 나 혼자뿐이었다. 무의식과 의식의 혼란 속에서 나는 천지신명께 살려만 주신다면, 전 생애를 던져 시詩로써 세상에 헌신하리라 원願을 세웠다. 그때 두개골이 '쩍' 하고 갈라지더니 사방 벽이 내게로 걸어오는 것이 아닌가. 순간, 삼라만상이 다 살아서 움직이는 것을 확연히 보았다. 그날 경험은 기적 같은 경이로움 그 자체였다. 쏟아지는 눈물과 시의 영감 속에서 우주 일체 모든 만물이 하나임을 나는 온전히 깨달은 것이다. 그 절벽의 투병을 기어오르다 만난 시가, 저 참혹하게 일그러진 고독자의 시, 「고흐의 시」이다.

> 수천만 개 보리 이삭들이 그 밤중 폭풍 속 휘감겨 어떻게 시달렸는지, 캄캄한 칠흑의 두려움 더듬으며 떨리는 우주 가는 숨결 붙잡고, 그 뽑히지 않으려던 뿌리들의 외론 몸부림 겪어보지 않은 자者는 모르지

'가장 큰 슬픔이 가장 큰 아름다움 낳느니.'

아아아아아! 참혹한 절벽 끝에서 고흐는 절규하고 있었다
까옥, 까옥, 까옥, 까옥, 까옥, 이상한 눈빛 번들거리는 까마귀
떼들 미친 울음과 퍼드덕퍼드덕 머릿속 마구 쪼아 대는 그 분
열의 비명 속에서, 고흐는 전신의 속력으로 명품名品 향해 미
친 듯이 인류의 심안心眼을 뚫고 있었다

—「고흐의 시 / 까마귀가 있는 보리밭(1890년 작)」 전문

나는 그때, 한겨울 벗 백산과 함께 거대한 팔공산 동쪽 산록인 초례봉에 오르고 있었다. 숨이 멎는 듯한 오장육부 경련을 극복하려고 필사적으로 산악 훈련을 할 때였다. 갑자기 정상 근처에서 수십 마리 까마귀 떼가 까옥 까옥 까옥 까옥 날개를 퍼덕이며 우리 머리 꼭대기에 몰려들지 않는가. 불현듯 그때 왜 고흐의 「까마귀가 있는 보리밭」이 순간 떠올랐는지, 이 글을 쓰는 지금도 섬뜩하다. 1890년(37세) 7월 27일 고흐는, 어느 농가 짚더미에서 자신의 심장을 향해 권총을 쏴 자살을 기도한다. 이틀 후 동생 테오가 지켜보는 가운데 영면한 고흐의 펄떡거린 심장 소리가 그 순간 불길함과 두려움으로 내게 엄습했다. 수년간 고흐의 귀혼鬼魂에 파묻혀 지낸 나머지, 까마귀로 환생한 그가 지금 나를 저승에 데려가려고 온 듯한 착시를 느꼈다. 한없이 까옥거리는 울음 속의 쇳소리도 싫었지만, 까만 비로드 빛깔의 번들거리는 검은 날갯짓과 눈깔은 저승사자처럼 금방이라도 내 심장

을 쪼아 먹을 것 같았다. 우주는 파동으로 연결돼 있다고 한다. 오로지 한 곳에 집중하면 죽은 귀신도 텔레파시로 불러낼 수 있다고 한다. 그때 체험을 생각하면 지금도 괴기스럽기 짝이 없다. 1890년 7월 자살 직전 그린 「까마귀가 있는 보리밭」은 고흐 자신의 죽음을 직감한 마지막 예술혼의 불길이다. 폭풍 전야의 수천 마리 까마귀로 환치된 검은색과 청색 덧칠은 고흐 특유의 강렬한 보리밭의 노랑과 연두에 뒤섞여, 한 고독한 인간의 절규를 듣는 듯하다. "인생의 고통이란 살아 있는 그 자체다." 고흐 자신의 말처럼, 이 우주의 가장 큰 슬픔이 가장 큰 아름다움을 낳는 법이다. 나는 분명히 절벽 끝에서 절규하는 참혹한 고흐의 울음소리를 「까마귀가 있는 보리밭」 그림을 보다가 들었다. 이상한 눈빛을 번들거리며 내 뇌수 속으로 파고들던 불멸의 영혼을 지닌 고흐의 흐느낌을 고스란히 들었다.

비로소 고흐는 이 그림 속에서 영원의 미美를 얻는다 저 무한한 우주 별빛 속에서 사라진 혼령과 움직이는 강물의 리듬이 밤 불빛에 흘러넘친 너무나 벅찬 시정詩情이, 그림 「론강의 별 달밤」 속엔 있다 몸이 물에 빨려드는 환시와 그림 속 들려오는 환청의 착각 속에서 9월 강둑을 걷고 있노라면, 차원 높은 예술미의 향긋한 향기가 소곤거리는 연인들의 코 밑으로 스며 들어간다 물속에서도 젖지 않는 달빛의 관입觀入—보들레르와 릴케와 이백을 온통 뒤흔든, 저 물아일체의 위대한 영감의 극치 인간 영혼이 이렇게도 아름답게 제 육신 불태워 인류 정신사의 한 궤적이 된다는 것,—그저 놀라울 뿐! 이 그림 밖에서 고흐는, 붓 하나로 또 하나 부활을 얻어 점점 더 시공을 타고 넘어 인류 황홀경이 되고 있었다

—「고흐의 시 / 론강의 별이 빛나는 밤(1888년 작)」 전문

나는 죽음을 뚫고 나오면서, 극도의 정신 분열 속에서도 우주 속 진정한 주인인 '나'를 찾은 고흐를 발견했다. 마치 릴케의 산문 속에 조각가 미켈란젤로가 "돌 속에 갇혀 신음하며 자신을 해방시켜 달라는 신의 음성을 듣고 끌과 망치로 돌을 쪼아서 신의 형상을 드러내 줌으로 해서 신을 해방시켰듯" 나 역시 고흐의 예술 작품에 관입돼 자살로 마감한 그의 비통한 이승 세계를 시로써 해방시켜, 지옥의 쇠사슬을 끊고 진정한 신의 자유로 돌려주고 싶었다. 나는 「론강의 별이 빛나는 밤」(캔버스에 유화. 72×92cm. 1888년 9월 작. 오르세 미술관 소장)이야말로, 고흐가 끝없이 추구한 검은색의 비밀이 가장 시적詩的으로 잘 투영된 그림이라고 생각한다. 프랑스 남부 지방의 아름다운 밤 풍경과 무수히 반짝이는 별빛을 고흐가 좋아했듯, 나 역시 수성못 야경을 통해 별빛이건 달빛이건 물에 접하는 순간 황홀경ecstasy이 되고 만다는 사실을 직관했다. 고

흐는 촛불을 모자 위에 세워 두고 이 그림을 그렸다. 고갱과의 불화로 면도칼로 자신의 귀를 자르기 불과 5개월 전이었다. 밤하늘 별이 너무도 곱고 찬란한 것이 오히려 이 그림을 고결한 비극의 전조로 느끼게 한다. 아니, 무한한 우주 별빛 속에서 사라진 혼령과 강물의 리듬이 혼융된, 참으로 아름다운 한 편의 서정시이다. 실제 이 화폭의 붓질은 코발트블루로 채색되어, 밤하늘은 강렬하면서도 군데군데 별빛이 꽃 핀 듯하여, 병든 내 눈에는 마치 흰 국화 꽃밭처럼 보였다. 고흐도 별 무리의 효과를 극대화하기 위해 별의 가운데 부분에 흰색 물감을 튜브에서 짜내 바름으로써 흰 꽃빛 느낌을 주었다. 인상파 화가들은 검정을 색이 아니라 모든 색의 부재, 즉, 색의 여왕(르누아르)으로 보았다. 무채색인 검정을 통해 밤하늘 별과 무한 공간인 우주의 심연을 들여보고자 했는지 모른다. 또한 이 그림 속에 점점이 찍힌 강둑의 노랑색 도시 불빛은, 론강의 9월 정경과 밤 물빛에 불기둥으로 흔들려 도시 아를을, 비현실적이고 환상적인 천상의 도시 분위기로 채색했다. 나는 밤마다 화폭 하단에 배치된 수직의 돛폭을 단 두 척의 배를 타고, 고흐가 꿈꾸었던 북두칠성까지 상상의 노를 저어 화폭을 건너다녔다. 때로는 강둑을 걷는 두 연인의 비밀스러운 속삭임을 궁금해하며, 밤하늘과 땅 사이 은유 된 봇물이 우는 소리를 통해, 나의 아픈 몸과 영혼을 치유하고자 했다. 이 작품은 19세기 후반 새로운 유럽 미술의 문을 연

'앙데팡당전'(1884년)에 출품되었으며, 자유로운 시각과 양식을 취한 전위적·실험적인 미술 발전에 크게 기여한 인상파 화가들을 세상에 알린 신호탄이 되었다.

인류 여인들이 어떻게 낮 동안 이글이글 겨울 아궁이 불을 피워 저마다 밤 기다렸는지, 고흐의 해바라기 보면 안다 그것은 달빛 아래 처음 누운 꽃의 신음이 아니라, '뚝, 뚝, 뚝, 뚝, 뚝,' 핏물이 살 번지는 시달린 탯줄의 줄기 걷어 내 본 여인만이 아는 방, ―저 존재의 밑바닥 닿아서야 비로소 열리는, '벌겋게 달궈진 열락悅樂의 방'

아흐! 고흐는, 저 모로 누운 여인들 외론 몸이 우주 불구덩임을 어느 날 문득, 해바라기 벌어진 사타구니서 보았다

―「고흐의 시 / 해바라기가 있는 정물(1887년 작)」 전문

해바라기꽃은 고흐 내면의 불의 비유이다. 그 강렬한 노랑을 보라. 황시증黃視症을 앓던 고흐는 마구 황칠한 「해바라기가 있는 정물」(1887년 작) 속, 그 노랑에 자신을 흠뻑 적신다. 압생트라는 독주 탓으로 훼손된 고흐의 시신경은 영원히 색맹이 되었다. 이 그림은 인류 여인들의 내면 깊숙이 숨겨진 사랑이 이글이글 격렬한 노랑 불길로 타올라, 해바라기 속에 투영된 멋진 수작이다. 내가 이 작품에 탐닉해 있을

때, 두 번의 수술로 인한 극심한 우울은 끊임없이 자살 충동을 부추겼다. 신경은 칼날처럼 날카로워 삶과 죽음의 경계선을 밟으며, 신경정신과에 거의 내 집처럼 들락거리고는 했다. 여름 새벽 4시만 되면 법이산에서 용지봉 아래까지 세 시간씩을 살기 위해 맨발로 짐승처럼 울며 달리곤 했다. 그땐 거의 제정신이 아니었다. 아침 해가 뜨면 수성못을 끼고 집으로 돌아와 죽음의 불안 속에 헛소리와 가위눌림에 잠들고는 했다. 그런 가운데 나는 집요하게 고흐의 미술 감상과 2시집 『구멍』 속의 전 작품을 구상하며 미친 듯이 시작에 몰두했다. 숲속 자연 치유와 자신이 좋아하는 것에 깊이 몰입하는 것이야말로 투병을 이겨 나가는 첩경임을 나는 그때 배웠다. 수많은 평자들이 고흐의 해바라기에서 태양을 향한 강렬한 생명력을 찾아냈듯이, 나 또한 그 작품을 통해 죽어간 인류 여인들의 슬픈 사타구니의 어쩔 수 없는 숙명을 보았다. 고흐의 해바라기는 태양에 비유된 남성성에 시달린 여인의 슬픈 통곡이자, 비참한 자궁의 핏물이다. 뚝 뚝 뚝 핏물이 번지는 화폭 속에서 나는 인류 구원의 소리를 고흐를 통해 들었다. 그때 나는 자궁을 우주 창조인 씨앗의 씨방이자, 모성과 동일시했다. 투병은 이렇듯 34살 고흐가 36살 내 영혼 속에 관입돼 '그림 속 시'가 있음을 보여 준, 내 인생에서 전국과도 같은 영적인 삶의 눈을 뜨게 해 준 귀한 시간이었다.

환각

「흰 눈이 내린 겨울 숲이 여자로 보일 때」(2시집 『구멍』 그루, 2002)를 쓸 무렵 나는 리프트 사고로 생긴 폐쇄공포증을 극복해 가는 도중이었다. 봄에서 초겨울까지 내내 맨발로 수성못 뒤쪽의 법이산을 산책하곤 했다. 숲 속은 벚꽃나무, 참나무, 아카시아, 소나무 등 다양한 수종들로 넘쳐났다. 특히 나는 벚꽃 필 때와 아카시아 꽃망울이 터져 온 숲을 꽃 향기로 뒤덮으면, 거의 광적으로 좋아했다. 수천 마리의 꿀벌들이 온몸에 꽃가루를 묻히고 꿀을 따는 광경은, 시인인 나에게는 또 한 편의 시였다. 맨발로 다니다 이따금 사람들을 숲속에서 만나면 십중팔구 꼭 한마디씩 묻는다. "흙 밟는 기분이 어때요?" 나는 말없이 그저 '씨익' 웃고는 지나친다. 맨발로 땅을 밟으면 흙과 돌과 나무와 잎새들이 어떻게 살아가는지 한꺼번에 이해될 것만 같다. 맨발의 신경 감각은 흥분될 정도로 섬세하다. 맨발이 흙에 닿으면 모든 만물들이 왜 죽어서 흙으로 돌아가는지 그 이치가 가늠된다. 그때만큼 흙에 대한 사유를 깊이 있게 통찰해 본 적이 없다. 숲 속에 누워 이영문 선생의 명저 『모든 것은 흙 속에 있다』에 푹 빠져든 것도 그 즈음이었다. 흙에게도 남성과 여성성性이 있다는 사실을 그 책을 통해 처음 알았다. 흙은 양성도 있지만 대체로 음성을 띠고 있어서 여성성에 가깝다고 한다. 흙 중에 찰흙은 여성의 성질이 스무 배나 강해 발목을 잡히면, 사랑에 빠진 처녀처럼 놓아주지 않는다. 계절과 밤낮의 길이에 따라 흙은 씨앗들에게 온도와 습도의 정보를 정확히 알려 준다. 이런 정보들을 통해 식물은 끊임없이 자신의 레이더를 움직여서 외부의 자료를 수집하고 모여진 근거를 토대로 꽃을 피울 시기, 시를 뿌릴 시기, 잎을 접어야 하는 시기 등을 스스로 결정한다. 흙은 우주 체계를 완벽히 이해하고 있으며 태양을 통해 끊임없이 자신의 존재를 변화시킨다. 흙은 죽음을 분해하여 생명의 길을 연다. 흙은 생물에게 무한한 믿음을 준다.

극도로 몸이 쇠약해지자 나는 또다시 환각과 환청에 시달렸다. 이런 현상이 내 몸에서 일어날 때, 빗물이 떨어지는 온갖 사물의 소리를 듣는 것은 환상적이다. 사물의 형태나 재료에 따라 천변만화千變萬化의 악기 소리가 났다. 시 「흰 눈이 내린 겨울 숲이 여자로 보일 때」는 가우 박창기 시인 댁 2층에 세 들어 살 때 쓴 작품이다. 몸이 아픈 사람은 저절로 온종일 '죽음과 삶이 뭘까?'를 골똘하게 사유하게 된다. 나의 명치끝 반경 5cm 근방은 늘 무엇이 뭉친 것처럼 마비 증세를 일으켜 호흡이 끊어질 듯 통증이 심했다. 그럴 때면 방의 평면과 입체 벽면이 순식간에 4차원 시뮬레이션처럼 빙글빙글 움직인다. 갑자기 면이 사라지는가 하면, 공기 중의 미세한 파동 입자에서 해독할 수 없는 이상한 소리들이 들리곤 했다. 어쩌다 나 혼자 방 안에서 허공을 보며 혼자 중얼거리면, 아내는 놀라서 소스라쳤다. 시 「흰 눈이 내린 겨울 숲이 여자로 보일 때」는 극심한 우울증을 겪은 시기에 태어난 번뇌의 작품이다. 그때 나는 매 순간 죽음의 착란 속에서 극심한 자살의 유혹으로부터 빠져나오려고 몸부림쳤다. 온갖 소리가 귀에 달라붙어 소곤거리는 환청은 몸서리쳐졌다.

흰 눈이 내린 겨울 숲이 여자로 보이거나, 하나 둘 켜지는 저녁 도시 불빛이 그 여자들의 어깨 둘레로 보일 때, 붉게 물든 저녁놀 부드럽게 산정에 입 맞출 때, 난 으레히 습관처럼 지녀 온 버릇이 있다. 그것은 한 편의 시를 펼쳐 보는 일이다. 그중에서도 내 마음속 깊이 움직이게 한 한 줄의 아름다운 시구를 찾아내, 방 안을 서성대며 조용히 혼자 소리내어 읊조리는 기분은… 참 묘한 것이다. 이 소리들은 나직이 방 안 귀를 따라 돌며 천장으로 올라갔다 내려온다. 마치, 누군가 이 시어들에 맞춰 피아노의 선율을 소리내어 들려주는 것처럼. 그러면 놀란 사방의 벽들만이 이 우스운 짓을 왜 하는지 몰라, 킥킥킥 돌아서서 비웃고 있는 것이다. 아무러면 어떤가. 어차피 인생은 제 스스로 힘껏 움직이다 가는 것. 저 창밖 빈 겨울 나무처럼, 추운 모퉁이 한켠에 비켜서 있다가, 봄이 오면 제일 먼저 뛰어나가 푸른 잎사귀의 물관을 타고 올라서, 하늘 위 흐르는 흰 구름의 가슴을 뭉클 만져 보면 된다.

—「흰 눈이 내린 겨울 숲이 여자로 보일 때」 전문

「흰 눈이 내린 겨울 숲이 여자로 보일 때」는 이지희 시낭송가의 청아한 목소리로, 예술기획 '진진아트'에서 영상시로 제작돼 유튜브에 올려졌다. 폭설이 퍼붓는 그 휑한 겨울 산야에 선 가문비나무와 은사시나무는, 영상 속에서 외롭다. 목소리의 행간과 행간 사이에는 진홍의 노을빛이 서럽도록 곱다. 마치, 겨울바람이 귓바퀴를 얼게 하는 양, 차갑게 느껴진다. 이 시는 행 구분이 없는 통연 형태를 띤 산문시이다. 의도적으로 운문(韻文·마디글)의 행行과 리듬(가락)을 파기破棄하고, 리듬보다 의미에 중점을 둔 시이며, 운문시가 외재율外在律을 갖는다면, 나는 산문시만이 갖는 내재적 율조에 상당한 공을 들였다. 이 시는 어느 겨울 눈 덮인 수성못 법이산 숲속의 산책에서 돌아와 곧바로 쓴 시이다. 아무리 몸부림쳐도 죽음의 덫에서 벗어날 수 없을 바엔 '에라, 시에라도 미쳐 가 볼 데까지 가 보자'는 자포자기의 심경에서 나온 시이다. 삶을 놓으니 그때 불현듯 죽음 또한 삶의 한 방편임을 깨닫게 된 셈이다. 그때만큼 인간 실존이 외로웠던 적이 없었다. 그리고 또, 죽음과 정면으로 만난 남사에게 모성 기억은 구원이사 절대 그 자체의 위안을 주었다.

구멍

이제 모든 사물, 모든 대상을 리듬으로 만난다. 거기 시의 실체가 있고 몸이 있다. 律呂다. 율려란 우주의 생체 리듬이다. 내가 추구해 온 '산문시'의 리듬이다. 陰과 陽을 모든 대상으로부터 감지, 無縫交合하는 존재의 총체적 실현이다. 몸이다. 不仁의 궁극이다. '律'의 어느 부분에 '呂'를 얹고 '呂'의 어느 깊이에 '律'을 놓느냐, 어느 무게를 골라 얹느냐, 그리하여 서로의 어느 길섶에서 몸 섞이게 하느냐, 그 순간을 듣고 보느냐, 실체를 생산하느냐, 하는 것이 시의 관건이다. 순서대로 싹 틔우고 꽃대궁 세우고 노랑꽃 한 송이 피우다가 허공에 날리는 민들레의 飛白, 모두가 '律'과 '呂'의 如合符節이다. 그 여합부절의 변형 실체다. '몸'이라는 생체가 그런 구조로 틈이 없이 흐른다. 六律 六呂를 감지하면서부터 내 시도 음양을 제대로 드나들고 있다고 할 수 있다. 쓰고 나면 온몸이 개운하고 시장기가 돈다.

—정진규,「律呂」

소리와 의미로 이루어진 시는 작품 그 자체가 하나의 율려律呂이자, 음보音步다. 그 음의 걸음걸이에 있어 고대 중국에서의 상상은 실로 다채로웠다. 정재서에 의하면, 도교에서는 신선이 허공을 걷는다고 생각하고 그러한 환상적인 경지를 '보허步虛'라는 음악과 시로 표현하였다. 그런가 하면, 우禹 임금이 황하의 홍수를 다스릴 때 과로해서 비틀비틀 걸었다고 하는 모습을 흉내 냈다고 하여 '우보禹步'라고 하는 특수한 걸음걸이도 있다. 시인들은 달빛 속에 거니는 것을 마치 달 위를 걷는 것처럼 '보월步月'이라는 신비롭고 낭만적인 어휘로 표현하기도 한다. 이런 시의 특별하고도 환상적인 걸음걸이가 곧 시의 리듬이다. 시 속의 리듬은 시어의 맛과 행lines과 연(聯, stanza)의 의미를 조화롭게 살려내기 위함에 있다. "시의 리듬은 정형시의 그것과 자유시의 그것과는 다르다. 정형시의 리듬은 압운과 율격을 기본으로 한다. 압운은 영시나 한시에서 볼 수 있는 바처럼, 시행의 시작 · 끝 · 중간에 유사한 소리를 내는 음절을 반복시키는 것이다. 그 반복은 단순한 소리의 반복이 아니라 엄격한 체계를 가진 소리의 반복이다. 그러나 우리 언어는 음절 의식이 약해서 소리의 반복이 음수 또는 음보 단위로 형성된다."(오규원, 『현대시 작법』) 창작을 할 때 운율 형성의 방법은 '의성어·의태어의 반복', '같거나 비슷한 문장 구조의 반복', '일정한 음절의 수를 반복', '품사의 반복', '종결형의 반복' 등으로 크게 세분화된다. 즉, 운율은 행과 연의 최적의 배치를 통해 시어의 리듬을 음악적 차원으로 끌어올린다. 우주도 알고 보면 모두 기의 리듬이다. 인간의 몸 역시 혈관의 흐름으로 신명의 가락을 타듯, 시 역시 표면에 뚜렷하게 규칙적으로 드러나는 정형시(외형률)와 일정한 규칙 없이 시어나 시구 속에 숨어 은근하게 느껴지는 자유시(내재율)로 율격을 만든다. 시 「구멍」은 내재율의 리듬이다.

구멍은 어찌 보면 참 많은 것을 가졌다.—저 광활한 우주의 별들이 생겨나고 또 죽어서 스스로 돌아가는 몰락과 생성의 두 구멍이 있는가 하면, 우리 같은 수컷들이 알이나 새끼로 자라서 흘러나오는 저 한정 없는 암컷들의 한없이 깊고 넓고 편안한, 그 한 길 구멍도 있다.

좁게는 부끄러운 짓거리를 했거나 크게는 온 나라를 망쳐서 말아먹은 자들이 으레히 숨어서 들락거리는 쥐구멍 같은 것도 있고, 참 착한 것들이 두 귀를 쫑긋거리고 봄나들이 길을 나서는 그 아늑한 수풀가의 토끼 구멍도 있다.

구멍은 또, 여름밤 도시 옆구리 길의 복개천 아래로 몰래 쏟아 놓은 퀴퀴한 인간들이 썩는 오물 냄새 나는 수챗구멍에도 있고, 꽝꽝 얼어붙은 겨울 연못가 도랑 밑에 흐르는, 졸졸졸 소리 나는 맑은 봄기운을 흡입하는 그 생기 도는 버들 뿌리의 작은 공기 구멍에도 있다.

구멍은 어찌 보면 참 많은 것을 가졌다.—이따금 난 산이 몸부림치는 이상한 소리를 바람 부는 뒷산의 동굴 구멍 안쪽 벽에서 들었는데, 어찌 들으면 그 소리는 태초의 첫 구멍 내는 소리 같기도 하고, 또또 어찌 들으면 많이 쓴 구멍들의 흥건한 절정의 끄트머리에서 흘러나오는 그 야릇한 소리로, 수만 년 제대로 키워 온 자연의 그 순리 구멍의 신음쯤으로 알아들었다.

어쩌면 좋은가. 이 하늘과 땅의 그 많은 구멍 중에서 우리는 어떤 구멍을 가져야 하는가. 오뉴월 개도 걸리지 않는 삐삐거리는 콧물 소리 내는 콧구멍이 되든가, 아니면, 달빛이 걸어가는 대숲 속에서 은은히 흘러 소리 되어 나오는 그 멋진 대금의 피리 구멍 가락이 되든가, 아니면 또, 저 동해 바다 한가운데를 마음껏 휘젓고 다니는 그 고래들의 마구마구 뿜어 올리는 무한 자유의 숨구멍이라도 되든가.

참으로 그 구멍이 하는 일은 아무도 모르는 일.—그러나 우리는 살아가는 동안 그 무슨 질퍽거리는 운명의 진흙 구멍 속에라도 들어가야만 하고, 또 그 구멍 밖으로 안간힘을 다해 기어 나와야만 한다. 마치, 저 백두산 천지 복판에서 날마다 힘차게 밀고 올라오는 그 생수 구멍의 당찬 힘처럼, 우리도 언젠가 한 번은 찬란한 기쁨의 인생을 위해, 온몸으로 어둠의 구멍을 뚫고 나가야만 한다.

—「구멍」 전문

「구멍」은 2시집 『구멍』(2002, 그루)의 표제시이다. 「구멍」을 쓸 무렵 나는 리프트에 낀 사고의 후유증으로 극심한 경련과 창자가 꼬여 제대로 숨을 쉬지 못했다. 두 번의 수술을 받았지만 소용이 없어, 밤낮없이 온갖 귀신 소리 같은 것이 들러붙어 죽음보다 못한 지경까지 갔다. 신경 정신 치료를 병행했지만 우울증만 더 심해져, 나는 그 괴로움을 이겨낼 방법으로 수성못 뒷산인 법이산을 5년간 산책했다. 한밤중 물속 바위에 끼여 살려고 발버둥 치다 나도 모르게 짐승처럼 고함을 내질렀던 가위눌림은, 극심한 공황장애로 이어졌다. 걷기만 해도 온통 사방 공기들이 소곤거리는 소리가 들려 한동안 환청과 환시에 시달려야만 했다. 극도로 숨이 달리면 내 몸과 사물이 서로 하나의 리듬(율려)으로 이루어져 있다는 놀라운 비밀을 알게 된다. 숲속을 오르내리며 들숨 날숨이 힘겨울 때마다, 나는 이 우주 만물이 죽어서 '구멍' 속으로 빨려 들어갔다가, 다시 그 '구멍' 밖으로 새 몸이 되어 태어나지 않을까 하는 엉뚱한 상상을 하게 되었다.

불현듯 그런 시각으로 세계를 보니, 모든 구멍이 빨려드는 리듬과 흘러나오는 리듬으로 보였다. 우주 별들의 '생성과 몰락'인 블랙홀과 화이트홀의 구멍, 암수의 구멍, 쥐구멍, 토끼 구멍, 콧구멍, 공기 구멍, 고래의 숨구멍, 대금 구멍 등등 삼라만상이 구멍의 리듬이 아닌 것이 없었다. 그랬다. 구멍은 어찌 보면 우주 음양이 드나드는 통로이자, 율려란 이름의 생체 리듬의 다른 이름일지 몰랐다. 어린 날 뒷산의 동굴 구멍 안쪽 벽에서 들었던 그 야릇한 소리는, 수만 년 제대로 키워 온 산의 달뜬 신음 소리이자 음악이었다. 사람은 사고로 몸이 깨지면, 순간 전혀 다른 시공간이 열린다. 죽음의 홀(구멍)이 보인다. 「구멍」을 쓸 때 나는 쓰지 않고는 외로워 견딜 수 없었다. 그때는 보고자 한 것이 아니라, 그냥 보였다. 들으려 한 것이 아니라 절로 들렸다. 늪 속 빠져 들어가는 우울은, 절로 탄식이 되었다. 그럴 때마다 나는 자주 다른 몸속을 들락거리곤 했다. 접신은 두렵지만, 시인에겐 천복이다. 이런 기괴한 체험은 사람마다 다르지만, 듣는 자는 황당무계한 표정을 짓는다. 그러나 이 말의 깊이는 무시무시하다. 시는 언어가 아니라 언어 이전의 세계로 이루어져 있다는 것을 깨달았을 때, 몸속으로 훅 들어온다. 이렇듯 시 「구멍」은 한 시인이 죽음의 늪에 빠져 허우적거리다가 용케 그 구멍 밖으로 살아 나온 체험을 율려의 시각으로 바라본 시이다.

비유(比喩, figure of speech)

「꽃망울」(4시집 『깍지』 그루, 2016)은, 7년간 마당이 딸린 집에서 생활한 체험이 바탕이 되었다. 아파트와는 달리 사계절 시시각각으로 사건이 일어나는 공간이 주택이다. 특히 뜰안은 서정시의 보고寶庫이다. 무릇, 시의 눈과 귀는 아무리 작은 시공간이라 할지라도 끊임없이 새로운 의미망을 짠다.

마당에서 벌이는 흙과 꽃, 곤충과 나무는 살아 움직이는 그 자체만으로도 우주의 무한한 상상력과 직결된다. 태양을 비롯한 우주의 별들은 밤낮없이 흙에 양기와 음기를 북돋운다. 나는 식물이 밤을 느낀다는 것을 오랫동안 응시하면서 직관했다. 고통과 사색 속에서 인간이 내면을 다지듯, 식물 역시 어둠 속에서 잠을 자며 새 길을 찾는다.

우리 가족이 산 그 집은, 밤이면 동네 고양이들의 천국이었다. 듣는다는 것이 얼마나 비밀스러운지, 소리가 그토록 시의 무궁한 영감의 신호라는 것을, 전엔 크게 깨닫지 못했다. 한밤중 암·수고양이들의 짝짓기 울음소리를 듣고 있으면 공포 영화 속의 기묘한 아이 울음소리 같았다. 나는 여름이 오면 더위도 식힐 겸 한밤중에 지붕에 올라가 사방의 온갖 화음을 듣는 것을 좋아했다. 밤의 어둠은 그 자체가 음악이다. 사방의 가로등 불빛 때문에 밤하늘 별들은 선명하게 볼 수 없었지만, 초승달이 어떻게 반달을 거쳐 보름달이 되는지, 보름달이 사위어 어떻게 하현달, 그믐달, 끝내는 밤하늘에서 아주 사라져 버리는지를 서운한 눈길로 지켜보았다.

꽃샘추위 무렵, 그 집 마당은 노란 수선화가 제일 먼저 꽃망울을 터트렸다. 꼭 붉은 포도주 잔 같은 튤립은 세련된 도시 여자의 감성을 닮았다. 수령이 십 년이 넘은 찔레나무에 핀 수백 개의 꽃망울이 향기를 터트리면 수백 마리 벌과 나비들이 그 집 뜰 안으로 유혹되었다. 특히 찔레 향기는 짙어 그 꽃나무 아래에 서면 정신이 어질어질하였다. 홍매, 황매, 백매의 자잘한 꽃망울과 13살 딸애의 젖멍울은 크기가 아주 비슷했다. 눈을 감고 뜰 안 가득 잎 새에 떨어지는 봄비 소리를 청마루에 앉아 듣는 것은, 시선일경詩禪一境의 경지였다. 무엇보다 여름 장맛비가 퍼붓고 난 후에 땅에서 불쑥 솟구쳐 올라와 피던 그 상사화를 경탄의 눈길로 바라보았다.

그 당시 딸애는 몸무게 35kg인 좀 통통한 편이었다. 얼마나 많은 연애 소설을 탐독했는지 조숙한 딸아이 마음은 온통 핑크빛으로 꽉 차 있었다. 그날은 비가 내린 토요일 오후였다. 까닥까닥 손가락으로 아빠를 부르더니 대뜸 자신의 작은 젖가슴이 찌릿찌릿 감전된 듯 아려 온다는 것이다. 왼쪽보다는 오른쪽 그 젖멍울이 훨씬 더 아린다나 어쩐다나. 참 철딱서니도 없다는 생각을 하곤, 한편 만져 보라니 안 만질 수도 없고, 어정쩡하게 서 있었다. "아빠, 뭐 해" 재촉하길래, 아무 생각 없이 쏘옥 안쪽 젖멍울 쪽으로 손을 집어넣었다. 꽃알 같은 게 만져질 땐 어찌나 신기하고 야릇하던지, 모처럼 아빠 기분 반 소년 기분 반 되어 한순간 혼몽했다.

그때 홀연히 시를 들었다. 우주의 이 신비로운 변화를 일평생 남자들은 얼마나 알고 있을까. 인간들이 가장 먼저 경험한다는 엄마 젖꼭지의 감촉은, 이렇듯 딸애의 젖멍울을 통해 우연히 내 시의 씨앗에 촉을 틔웠다.

겨드랑이 날개라도 돋을는지, 며칠 전부터 매화꽃 나무는, 자신의 작은 젖꼭지 찌릿 찌릿 감전된 듯 아려 온다는 것이다. 왼쪽 꽃망울보단 오른쪽 그 꽃망울이 훨씬 더 아린다나,

"한번 만져 볼래?" 그런 눈치길래, 참 철딱서니도 없이, 지천명 대낮 소년 기분 반 남자 기분 반 되어, 쏘옥, 손 집어넣었지.

얼마나 웅숭깊은 바다 속인지, 어찌나 신비롭고 야릇하던지, 마치, 그 옛날 초희의 젖가슴처럼, 넣어도 넣어도 끝이 닿지 않던, 그 첫 떨림처럼.

—「꽃망울」 전문

「꽃망울」을 쓸 무렵, 이상하게도 딸애의 변덕이 죽 끓듯 했다. 어린 딸은, 자주 젖가슴 근처가 찌릿찌릿 아프면서 딱딱한 멍울이 만져진다고 야단이었다. 공연히 가슴이 두근거리고 발긋발긋 귓불이 뜨겁다고도 했으니까. 물론 아랫배 통증도 우릿하게 아려 온다고도 했다. 처음 나는 딸애가 무엇을 잘못 먹은 체증인가 여겨서, 사알살 아이의 배를 어루만져 주었다. 그 모습을 눈여겨보던 아내가 슬쩍 건넌방으로 나의 소매를 잡아끄는 게 아닌가. 그리곤 귀엣말로 여자가 되어 가는 그 야릇한 '첫 비밀'에 대해 귀띔해 주었다. 13살 난 딸은 그렇게 한밤중 초경初經의 신호를 받았다. 꽃잎이

찡그리듯 예쁜 얼굴이 이지러졌다. 생리가 터지기 직전의 소녀의 통증은 무척 고통스러워 보였다. 난생처음 나는 소녀가 처녀가 되어 가는 신비로운 사실을, 그날 밤 서너 시간 동안 딸애를 통해 알게 된 셈이다. 어머니의 양수 속에서 자라 남자가 된 나인데, 어처구니없게도 여성의 몸에 대해서는 너무나 무지하다는 사실에 새삼 놀랐다.

아내는 사춘기 딸애를 앞에 두고 실감나게 여성의 생리에 대해 자세히 설명해 주었다. 아빠가 듣는 여자들의 은밀한 몸의 비밀들이 못내 부끄러운지 딸애는 자꾸만 방 밖으로 나를 떠밀어내었다. 시인은 궁금하면 미친다. 문밖에서 그들 모녀 하는 말을 귀 대고 엿들었다. 그러다 문득 거실에서 키우고 있는 게발선인장에 내 눈길이 닿았다. 한창 빨간 꽃망울이 별의별 모양으로 색깔을 내밀고 있었다. 처음에는 꽃망울이 너무 작아 거의 보이지 않더니 그날따라 딸애 젖멍울만 한 것이 여러 개 부풀어 올라 있었다. '꽃망울과 젖멍울' 두 말은 어쩐지 상당히 닮은 데가 있다. 말은 이유 없이 생기지 않고 이치가 비슷한 데 이르면 서로가 닮는가 보다. 다음날 모녀는 백화점에 들렀다고 한다. 어린 딸애의 작은 젖가슴을 브래지어 캡 속에 예쁘게 모아 주기 위해서란다. 부풀어 오른 여자 몸의 변화가 마냥 신기하고 호기심으로 가득한 딸. 온종일 저 혼자 신이 났다. 브래지어 훅을 '끌렀다 이었다, 이었다 끌렀다' 그 도화경 같은 놀이에 푹 빠졌다. 곁에 서서 딸애의 앙증스러운 정경을 보고 있자니, 나의 생각은 생뚱맞게 엉뚱한 곳으로 뻗쳤다. '우리 집 앞마당에 핀 저 매화꽃도 브래지어를 하는 걸까. 수벌 놈이랑 수팔랑나비 놈들은 저 꽃의 브래지어 후크를 대체 어떤 방법으로 풀까.'

참 그 봄날, 오랜만에 시적 비유로 인해 나 혼자 파안대소했다.

비극

내가 손경찬의 수필 「거짓말」을 읽은 것은 우연이었다. 다듬어지지 않은 명문名文이지만 절로 숙연했다. 행과 행 사이는 혹독한 무無였다. 뚝 뚝 흐르는 피로 찍어 쓴 체험적 사실성이 문文의 기교를 정면에서 압도했다. 명문장가의 아취나 고혹한 글의 매듭은 분명 아니었지만, 실로 오랫동안 글 앞에 경악했다. 주인공 열한 살 소년 경찬을 나는 유마힐 거사의 심정으로 끌어안았다. 언어의 일 점 일 획은 목에 받는 칼날이었다. 단도직입이 보여 준 진실 앞에 감동했다. 그 아침 봄 햇살이 비추는 옥상에 혼자 앉아 가슴과 두 볼에 흐르는 눈물과 흐느낌을 주체할 길이 없었다.

수필 「거짓말」은 화엄의 만다라이다. 무량무량의 슬픈 만다라의 떨림과 그 떨림의 울음이다. 심장이 불에 덴 듯 장엄해 아프다. 대자대비大慈大悲의 세계이다. 가장 큰 슬픔만이 가장 큰 자비를 낳는다. 광목에 둘둘 말아 죽은 어미를 리어카에 싣고 가는 열한 살 그 소년은 한 권의 불경佛經이다. 시체에 기름을 붓고 불을 붙이는 소년은 부처가 아니고는 감당하기 힘든 시이다. 어미의 다비 속에 절대 울지 않으리라 맹서하는 그 소년은 불길 속 핀 연꽃과 같다. 화중생련火中生蓮의 세계요, 한 편의 절대 시이다. 나는 지금 지옥 불에서 막 걸어 나온 어린 경찬의 심장을 고이 품는다. 온밤 꼬박 뜬눈으로 새우고 어미의 뼈를 수습하러 관어대 언덕을 살금살금 다가서는 소년의 쿵쾅쿵쾅 심장 뛰는 소리를 듣는다. 아, 참혹하다. 반쯤 불탄 모습으로 빈 공터에 오도카니 어미가 앉아 있는 모습은 오히려 사실이 거짓 같다. 아랫도리를 잃은 채 제 어린 자식을 바라보고 있는 그 젊은 어미를 떠올려 보라. 그 어떤 미사여구도 수필 「거짓말」 앞엔 흩어진다. 한 인간의 유년 체험이 예술과 만날 때 얼마나 절실할 수 있는지 이 수필은 잘 보여 준다. 만약 소년 손경찬의 정신적 트라우마가 예술을 통한 내적 치유 과정을 거치지 않았다면 어떠했을까. 생각만으로도 절망한다. 손경찬의 「거짓말」은 삶과 죽음 사이에 서서 손가락으로 바위를 뚫고 나온 형상이며, 언어 이전 존재한 정情의 세계이다.

1

비는 퍼붓고, 여름 장대비는 퍼붓고,

퀴퀴한 지린 냄새 음습한 골방.
부들부들부들
격렬하게
엄마는 내 손 찾고 있었다.
아아아악, 아아아악,
비명 소리 났다.
젊은 엄마가 움켜쥔 내 작은 오른손
마구마구 버둥대며, 빼내려 해도
빠지지 않던 손.
놀라 달려온 동네 어른들
죽은 엄마 손가락 부러뜨려 빼내 주었다.
흐늘흐늘 늘어진 엄마 손가락 보며,
밤새
죽은 엄마 관棺 옆에 붙어 있었다.

2

차마 발길 안 떨어졌으리.
열한 살 어린 날 두고 차마, 숨 안 떨어졌으리.
거짓말처럼, 거짓말처럼,
송천松川은 흘러 흘러 밤바다 안기는데,
천지간 내 엄마 묻어 줄 사람도 땅도 없어
광목 한 필 죽은 엄마 둘둘 말아 리어카에 실었다.

방문 앞 기둥, 매달린 석유병 들고
한밤중 관어대 뒷산 공터에 엄마를 내렸다.
나무껍질 죽은 엄마 곁에 모아
기름 붓고 성냥불 그었다.
화악 불길 치솟아, 너울너울 불길 치솟아,
어머니 마지막 가시는 모습 차마 볼 수 없어
한달음에 언덕을 뛰어 내려온 난
한 점 불빛 없는 외딴집 혼자 남아
죽은 엄마 베개 끌어안고 엉엉 무서웠다.

3

그때 내 나이 열한 살.
온밤 꼬박 뜬눈 새우고,
그 새벽 어머니 마지막 수습하려고
관어대 언덕으로 살금살금 되올라갔다.
거짓말처럼, 거짓말처럼,
뼈만 남아야 할 어머닌
빈 공터 오도카니 홀로 앉아 계셨다.
나무는 다 타고 아랫도리만 잃은 채,
젊은 어머닌 반쯤 불탄 모습으로
날 보고 계셨다.
번개 꽂힌 듯, 번개 꽂힌 듯,

덜, 덜, 덜, 덜, 턱 굳었다.

나무 다시 긁어모아, 반쪽 어머니 또 눕혔다.

거짓말처럼, 거짓말처럼,

그렁그렁

내 두 눈 그득 불 고였다.

—「거짓말」 전문

지옥 불에서 살아 나온 한 소년의 비극적 체험 수필 「거짓말」을 다 읽은 순간 내 등줄기는 그대로 번개에 꽂힌 듯 전율했다. 주체할 새 없이 갑자기 터져 나온 통곡 앞에서 순간, 시신詩神이 지핀 것을 직감했다. 열한 살 어린 손경찬과 두 번 불탄 그의 젊은 어미의 혼백이 내 심장을 칼로 베었다. 무려 일주일 간 내 몸은 시마詩魔를 받아내느라 또 한 번 오장이 오그라드는 추체험을 했다. 마치, 나의 죽은 어미가 아랫도리가 불탄 모습으로 오도카니 날 보고 있는 듯한 환시도 보았다. 한밤중 내 혼자 일어나 불길 속 타다 남은 그 젊은 어미와 어린 손경찬의 비극적 생을 위해 혼신의 기도를 올렸다. 이따금 시인의 몸뚱어리엔 귀기鬼氣가 내림을 체험으로 알고 있는 나는 이 모든 상황을 시로 써내리란 각오를 다졌다.

수필가 손경찬은 경북 영덕 영해 출신이다. 어릴 때 부친父親을 잃고 젊은 홀어머니 등에 업혀 생선 시장 바닥에서 어린 생을 전전했다. 시 「거짓말」(4시집 『깍지』 그루, 2016)은 전적으로 손경찬의 수필에 뿌리를 박고 있다. 나와 손경찬을 동일 시적 화자로 설정했다. "사실에 얽매이지 않고 사실들을 마음대로 변형시켜 사실보다 더 아름답게, 더 추악하게, 더 진실되게, 때로는 더 거짓되게 만들어야 하며, 그것을 가능케 하는 것"이 문학적 상상력이라고 베이컨을 빌려 이승하는 말했다. 그렇다. 시인은, 홀연히 우주에서 시의 영감이 뻗칠 때 그 자리 그 찰나에 서 있어야 한다. 온몸으로 시를 받아야 한다. '내 심장으로 너의 심장'을 써야 한다.

첫 연의 시적 모티브는 네 살 때 돌아가신 내 아버지의 초상날 퍼붓던 장대비에서 착안했다. 어찌 된 영문인지 그날 그 기억만큼은 지천명인 지금도 너무나 또렷하다. 단말마의 비명은 상상력이다. 그러나 퀴퀴한 지린 냄새는 4년간 병마에 시달리다 숨 놓은 내 어머니의 상황 그대로이다. 마치 시 「거짓말」을 위해 예비한 것처럼 그 모든 시적 정황이 그날 나의 머릿속에서 동시다발로 발아된 것이다. 단말마와 죽은 엄마의 손가락을 부러뜨림에서 생긴 손의 공포를 극대화시켜 내는 것이 이 시작詩作의 핵심이다. "흐늘흐늘 늘어진 엄마 손가락"을 바라보는 시적 화자의 눈을 통해 죽음의 실체를 재현하고자 했다. 2연의 시적 공간은 송천松川과 관어대觀魚臺가 배경이다. 손경찬의 수필 「거짓말」의 실재 무대이다. 오십천과 함께 송천은 영덕군의 대표 하천이다. 백두대간 태백산 낙동정맥의 한 지류인 송천은 창수면 백청·삼계리를 지나는 서천과 묘곡·원구리를 지나는 남천을 받아들여 영해 관어대를 통과해 동해 바다에 안긴다. 관어대는 상대산의 별칭이기도 하다. 이곳에 올라서면 서쪽 등운산, 남쪽 장기곶, 동쪽 일망무제의 동해가 한눈에 그림처럼 들어온다. 목은 이색의 외가가 이곳이며, '고기 노는 모습을 바라본다.' 는 뜻의 시 「관어대부」는 이색의 작품으로 유명하다. 시작에서 2연은 상당히 부담스런 장이다. 1연과 3연 사이 시적 긴장감을 최대한 팽팽하게 끌어당겨야 한다. 그래서 나는 2연에서 '음성 상징'에 주목했으며, 또한 시적 가락은 손경찬의 산문적 어조를 살리되 시의 내재율로 재구성했다.

정민의 지적처럼 시인은 분명 "천기를 누설하는 자이다. 시인이 전달하려는 의미는 문면에 있지 않고 글자와 글자의 사이, 행과 행의 사이, 혹은 아예 그것을 벗어난 공중에 매달려 있어야 한다." 한편, 시 「거짓말」은 반대로 모든 시어의 뜻을 직접 드러내고자 했다. 그것은 체험이 시의 뜻을 압도했기 때문이다. 3연은 너무나 아팠다. 가장 오래 시마詩魔에 붙들렸다. 시의 심장부로 곧장 치고 들고자 했다. 귀신이 붙든 말든 반쯤 불탄 제 어미를 바라본 순간의 열한 살 어린 아들과 그 젊은 어미의 귀鬼에 접신되고자 했다. 오직 시의 정수리를 관통하고 싶었다. 어린 손경찬과 불탄 그 젊은 어미가 시를 통해 구원되길 간구懇求했다. 3연의 성공은 불에 반쪽 탄 젊은 어머니의 모습을 어떻게 실감나게 표현할 것인가 그것이 요체였다. 어쩌면 시작 과정을 설명한다는 것 자체가 비시非詩일지 모른다. 수필에선 불에 타 아랫도리가 없는 어머니의 앉아 있는 모습을 '동그마니'란 말로 표현했다. '외따로 오똑하게' 앉아 있는 수동적 모습이다. 나는 '오도카니'란 시어로 바꿔 보았다. 훨씬 동적 느낌이 강했다. 뭔가 살아서 보고 있다는 느낌이 확 끼쳤다. 근육이 불에 오그라들어 발딱 일어난 그 모습의 전율이 느껴졌다. 나는 시인으로서 이 시를 통해 다시금 '통곡'의 진정한 카타르시스를 배웠다. 언어의 절벽을 건너뛸 수 있는 힘이 상상력임을 새삼 체감했다. 비극은 예술과 만날 때, 그 자체가 한 편의 명시다.

다정지인도多情知人圖

"까마득한 옛날에는 법이라는 게 없었다. 그리고 거대한 통나무, 즉 모든 가능성의 혼돈은 원래 흩어지지 않는 것이다. 허나 그것이 일단 흩어지게 되면 법이라는 게 생겨나게(세워지게) 마련인 것이다. 그런데 이때 그 법은 어디서 어떻게 생겨나게 되는 것인가? 그것은 '한 번 그음'에서 생겨나게 되는 것이다. '한 번 그음'이라고 하는 것은 뭇 존재의 뿌리요, 온 모습의 근본이다. 그 한 번 그음이라고 하는 것은 그 작용을 신묘한 신의 세계에는 잘 드러내지만 통속적 인간의 인식 앞에서는 그 작용을 감출 뿐이다. 그래서 세상 사람들이 그 한 번 그음의 위대함을 잘 알아차릴 수 없는 것이다. 그러므로 한 번 그음의 법은 오로지 도(근원, 본질)를 체득한 주체 즉 나로부터만 생겨나는 것이다. 이와 같이 한 번 그음의 법을 세울 수 있는 자는 대저 법이 없음을 가지고 법이 있음을 창조하고, 법이 있음을 가지고 모든 다양한 법을 꿰뚫어 버릴 수 있는 것이다."(석도화론1-1, 김용옥 역, 통나무)

그렇다. 무릇 예술의 세계는 태고무법太古無法이다. 화가이거나, 시인이거나, 그 어떤 선객禪客일지라도, 이 우주의 그물에 걸림이 없어야 천하를 한 번 그어 보는 것이다. 화가 묵연의「다정지인도多情知人圖」(2010, 개인 소장)는 중국 산둥성 웨이하이威海에 머물 때 완성한 작품이다. 그의 이전 산수 화풍과는 달리 화폭 속에 사람과 풍경이 스산한 묵기墨氣에 녹아 곱기도 하다. 화가의 고백으론, 처음엔 화폭 중심에 두 정인情人이 빠져 있었다고 한다. 만약, 화폭 속 연인이 없었다면, 적막과 고요만이 천지간 가득 덮였겠다. 흰 눈을 맞으며 바다로 기어가다 주저앉은 저 바위들의 침묵의 묵선을 보라. 밀물과 썰물이 번갈아 밀려와 모래벌판 스며드는 고독한 우울이, 바닷물 속 형체도 없이 사라지는 흰 눈의 무위와 겹쳐 지독한 외로움이 된다.

하여, 불현듯 무엇에 홀린 화가는 두 남녀를 화폭 속에 밀어 넣었다. 참 신비롭지 않은가. 조금 전까지만 해도 그토록 음울했던 고독한 묵색이, 두 정인이 화폭 중앙 구도에 들어서자, 전혀 다른 시적 분위기로 반전한다. 해풍 가득 흔들려 내리는 흰 눈과 그 무겁던 바위와 음산한 둘레는, 금세 두 정인의 소곤소곤 말하는 얘기에 빨려들어 희한한 정감으로 다가선다. 이렇듯 붓의 '한 번 그음'은 화폭 속 전혀 다른 차원의 기운생동이 뻗친다. 흰 눈의 말을 받아 적다 보면, 파도 소리 아련해지고, 화폭 속 두 정인의 말소리에 귀를 쫑긋 세우면, 그믐달 심장 뛰는 소리가 희미한 숨결이 되어 뜨겁다. 언제부터인가 내 마음은, 매일 「다정지인도多情知人圖」속에서 헤매는 한겨울 바닷바람과 같다. 나의 정신과 두 눈은, 꿈속 설중매 꽃밭 아래 헛디딘 소년의 분홍 색조인 양, 그 향기에 흠뻑 취한다.

이따금 저 그림 속 두 정인 중 누가 더 깊이 사랑에 빠졌을까 떠올려 본다. 혹여 두 정인은 불륜이 아닐까. 하붓 하붓 퍼붓는 흰 눈 곁에 묘시(새벽 5~7시)의 음산한 그믐달 위치를 보며 짐짓 짐작한다. 한겨울 해풍에 저토록 뼛속 스미는 새벽 모래벌판을 남몰래 걸을 수밖에 없는 둘만의 애틋한 사연이 궁금하다. 붉은 투피스에 긴 머리칼을 늘어뜨린 여인이 없은 왼팔에 눈길을 주면, 남자는 상념에 잠긴 채 하염없이 앞쪽 모래벌판을 응시한다. 여인은 갸우뚱 고개를 남자 어깨 쪽으로 고조곤히 밀곤, 남자의 왼쪽 등에 한없이 따스한 자신의 손길을 감았다. 꼬옥 움켜진 그녀의 손끝이 얼마나 시적인지. 그렇겠다. 아무리 화폭 밖에서, 내가 저 두 정인의 정담을 몰래 훔쳐 들으려 해도 들리지 않는 것은, 그만큼 내 영혼이 세속의 때로 많이 묻은 탓이겠다. 언제나 화폭을 쳐다보며 놀라워하는 것은, 쓰-윽 쓰윽, 화가의 '한 번 그음'을 통해 이렇듯 무변광대한 우주의 사랑 이야기가 생겨나니, 가히 예술가의 손은 천하 절경이다. 시 「눈」(4시집 『깍지』 그루, 2016)은, 화가 묵연의 「다정지인도多情知人圖」와 「하견다정도霞見多情圖」에 홀려 홀연히 받아 적었다.

너, 나 보이니
불 속 떨어져 울고 있는
내 눈 보이니
형체도 없이 소리로 떠돌다 엉키어
천 년 허공 건너와
이렇게 내 심장 뜯어내는 걸,

너, 나 느끼니
불 속 던져져
또다시 천 년 허공 건너서
그렇게 우린 녹아 사라질 텐데,
너, 나 정말 보이니

—「눈」 전문

묵연은 내 심연 속에서만 사는 화가다. 물론 그의 중국 화풍의 수묵 담채화 「하견다정도霞見多情圖」(2010년 작, 개인 소장)도 매한가지다. 산둥성 웨이하이威海에 머물 때 그린 것으로 보이는 이 그림엔 이역에서 고국을 그리워하는 향수가 진하게 묻어나 있다. 우연히 영인본을 소장하게 된 이래, 나는 틈나는 대로 예의 그림과 마주한다. 살아 있는 것은 죽음 곁에 살고, 죽은 것은 산 곁을 기웃하기 마련이다. 물은 불을 제 몸에 넣어 몸부림치고, 불은 물을 빨아들여 심연을 고뇌하는 듯한 이 작품은, 온갖 물이 어떻게 노을빛과 바다에서 만나 멋진 앙상블을 이루는지 잘 보여 준, 더없이 황홀한 느낌의 분위기다. 천지간은 나와 한 뿌리고, 만물은 나와 한 몸이다. 그렇다면 바다는 필경 만법의 어머니인 터. 만법은 하나로 돌아오고, 하나는 다시 만법을 먹여 살린다. 말 그대로 '화중유시畵中有詩'가 아닐 수 없다.

그림 속엔 노을을 바라보는 두 정인情人의 다정함이 있다. 여기엔 서구 인상주의가 가져다줄 수 없는 수묵만의 정취가 깊이 배어 있다. 붓놀림은 끝났지만 화의畵意는 다함이 없다. 물이랑 사이 번지는 연노랑과 분홍 노을이 들려주는 소곤거림은 화폭 속 두 연인이 바라보는 수평선 끝의 그리움과 맞닿아 절묘하게 처리되어 있다. 파리 마르모땅 미술관이 소장하고 있는 모네의 그림 「인상, 떠오르는 태양」(1872)에 풍경이 자아내는 감각의 측면이 도드라져 있다면, 묵연의 그림은 우주의 무의식과 바다 물속에 스며든 황금빛 현란함이 드러나 있다. 농묵과 분홍의 신비감은 또 어떤가. 놀빛은 물의 전신全身을 비추고는 수줍어한다. 그림 속 다정한 두 연인처럼 물결은 이만치 비켜선 바위들의 곡선과 함께 어우러져 아름다운 오선지 위의 춤추는 선율로 살아 있다.

'하견다정도霞見多情圖'를 읽는 묘미는 역시 두 연인에게 집중된다. 화면 오른쪽 바위 색의 농묵이 짙게 처리되어 수평선 뒤쪽에서 은근히 몰려드는 어둠을 암시한다면, 파도의 물이랑 기법은 일품이다. 여인은 왼쪽 팔을 남자의 노란 스웨터 허리 둘레를 가만 감고 있다. 분홍 원피스를 입은 여인과 남자 사이에 보일락 말락 한 틈이 있다. 화가의 의도일까, 무의식적인 손놀림일까? 바로 이 부분에 화가의 재기才氣가 엿보인다. 여인의 분홍 원피스 필선을 따라가다 보면, 해풍에 오른쪽으로 옷선線이 날린다. 부끄럼이 가득 묻어난 여인의 속사랑이 '틈'의 미학으로 처리되어 있다. 예술 작품의 아름다움은 기본적으로 작품을 구성하는 오브제에 있다. 아니, 그것의 유기적 관계 속에 있다. 작품이 일정한 예술적 원리와 질서를 지니고 있을 때 아름다움이 생겨난다. 저녁놀이 아름다운 것은, 거기엔 말로 다 하기 어려운 현묘함이 있기 때문이다. 그런 점에서 묵연은 '하견霞見'의 화가이다. 그는 언젠가 난새鸞鳥가 될 것임이 분명하다.

국화와 고양이

가을 밤하늘 보름달이 뜨고 사위엔 고요만이 깃든 시간, 나는 산책에서 돌아와 문득 앞집 베란다를 타고 넘어가는 한 마리 검은 고양이를 보았다. 길을 가다 말고 갑작스레 휘익 하고 돌아서는 순간, 나는 고양이의 눈빛과 마주치게 되었다. 모골이 송연해진다. 이 글을 쓰는 자정 무렵, 지금도 들리는 저 고양이들이 내는 아기 울음소리는 참 기기묘묘하다. 마치 죽은 혼령 같기도 하고, 침묵의 그림자 같기도 한 그것은 내게 형언할 길 없는 시상詩想을 가져다준다. 특히 암수의 현란한 짝짓기 울음은 짜릿한 관능마저 불러일으킨다. 어둠 속 달그림자, 그리고 그 너머 감나무의 휘어진 곡선, 수고양이들의 소리는 귀기鬼氣가 서린 것이 음울한 색조, 그것이다.

옛날 일본의 닌자들은 고양이 눈동자의 열림 상태를 보고 시간을 예측하였다고 한다. 실제로 일본 민가에서는 아직도 '고양이 눈 시간'이라는 것이 존재한다. 고양이 눈은 새벽 무렵과 해질녘에 동공이 크게 열려 둥글게 보인다. 오전 8시와 오후 4시경에는 달걀 모양 정도로 가늘어 진다. 오전 10시와 오후 2시경에는 달걀 모양에서 점점 더 가늘어지고, 정오 무렵엔 아주 가늘어져, 고양이 눈이 바늘처럼 일직선으로 보인다. 동서양을 막론하고 고양이는 일찍부터 수많은 시인, 소설가, 화가들의 작품 속에 조연 또는 주연으로 등장했다. 19세기 독일 낭만주의 소설가 호프만의 「수고양이 무어의 인생관」은, 일본 근대 문학의 아버지 나쓰메 소세끼의 「나는 고양이로소이다」에 직접 영향을 끼친 작품으로 유명하다. 소세끼는 이 작품을 통해 근대 일본 지식인 사회의 모순을 풍자해 대단한 반향을 불러일으켰다. 불안과 공포, 죽음으로 가득 차 있는 포의 고양이가 악마를 닮았다면, 여성을 고양이로 비유한 보들레르의 관능적 고양이는 요망하다. 유령과 신神의 사이에 위치한 보들레르의 암코양이는 "마음 깊은 곳, 가장 어두운 곳에 / 방울져 스미는 그 울음소리로 / 운율적인 시처럼 (…) 묘약처럼 나를 기쁘게"(「고양이」) 하고 신비롭게 만든다. 반면, 괴기하기 짝이 없는 음험함으로 가득 찬 포의 검은 고양이는, 급기야 사랑하는 아내마저 죽이게 되는 광기의 고양이다.

나는 한국 현대시사 가운데 고양이를 주제로 한 두 편의 시를 편애한다. 나쓰메에게 영향을 받은 이장희의 「봄은 고양이로다」와 송찬호의 「고양이가 돌아오는 저녁」이 바로 그것이다. 전자의 경우, 한 세기가 지났건만 여전히 감각적이고 참신하다. "날카롭게 쭉 뻗은 고양이의 수염"과 "봄의 생기"는 고월古月만의 독특한 시선과 재기가 아닐 수 없다. 13세 나이에 이미 일본 유학파가 된 그는, 유학 도중 만난 한 일본 소녀를 연모하다 끝내 그 사랑을 이루지 못한 채 29세의 젊은 나이로 음독자살한다. 묘하게도 어릴 때 아명이 고양이란 이름(고-양이)과 음성학적 차원에서 유사한 '량희(양희)'였다고 한다. 반면, 송찬호의 시는 신화적, 동화적 상상력의 극치를 보인다. "고양이가 돌아오는 저녁 // (…) 달이 솟아오르는 창가"에 시인과 고양이가 나란히 앉아, 맑은 가난을 온몸으로 터득해 가는 시골 마을의 그 쓸쓸하고 외로운 달밤 정경이 나는 좋았다. 물론 나도 한 편의 고양이 시를 4시집 『깍지』에 수록했다.

국화꽃밭 문 옆엔 가을비가 울고 있었어요

빗물이 하늘을 물고 내려와

꽃밭에 흘러내리고 있는 줄도 모르고

그 저녁 앞발을 괸 채 죽어 있던 어미 고양이

새끼는 빗속에 젖어 날 쳐다보고 있었는데,

국화 꽃밭 속엔 어미가 어둠 속 웅크리고 죽어 있었어요

—「국화꽃밭 문 옆엔 가을비가 울고 있었어요」 전문

「국화꽃밭 문 옆엔 가을비가 울고 있었어요」(4시집 『깍지』 그루, 2016)를 쓰게 된 것은 그야말로 슬픈 행운이었다. 전날 밤부터 베란다 앞 국화 꽃밭에 가을비가 추적추적 내리고 있었다. 비에 흠뻑 젖은 세 마리 고양이와 창가에서 가을비를 구경하던 내가 서로 눈이 마주친 건 오후 나절이었다. 그런데 어쩐지 그 여섯 개의 동공은 무척이나 불안해 보였다. 어미가 먹을 것을 구하러 나가 아직 오직 않아 그런가 보다라고 혼자 생각해 보았지만, 볕이 좋은 아침 어미 고양이와 함께 베란다 국화 꽃밭에 나와 뒹구는 녀석들이었기에 이상한 느낌이 들었다. 비는 계속해서 내렸다. 나는 비가 와서 우울한 기분이 드나 보다라고 재차 생각하면서 읽던 책을 마저 읽으려고 서재로 향했다. 저녁 어스름은 이미 창가 유리문에까지 밀려왔지만, 가을비는 금세 그칠 낌새가 아니었다.

비가 창문을 타고 내리는 밤은, 나는 촛불을 켜고 빗물이 유리문에 비치는 무늬의 신비를 좋아한다. 어룽져 가는 빗방울과 그 흐름의 무질서 속에 내비친 촛불의 움직임은 참으로 시적이다. 그날도 촛불을 붙이자마자, 시마詩魔가 들어와 내 귓전에서 끊임없이 소곤소곤 말을 건넸다. 순간 유리문 속에 촛불이 고양이 눈빛과 한데 겹쳐 얼비친 것이 환상적이었다. 묘오한 생각이 들어, 문득 창문을 열고 밖을 보니 그때까지 고양이 세 마리가 빗속에서 국화 꽃밭을 보고 있지 않는가! 오싹했다. 나는 거실 문을 열고 급히 나가 보았다. 오호애재嗚呼哀哉라! 국화 꽃밭 속에 어미 고양이가 죽어 있는 게 아닌가. 빗물이 하늘의 슬픔을 물고 내려와 꽃밭에 흘려 보내는 것도 모르고, 그 어미는 어둠 속에 웅크리고 죽어 있었다. 하여, 시 「국화꽃밭 문 옆엔 가을비가 울고 있었어요」는 그렇게 태어났다.

상상력

시 속의 꿈 이야기는 자연과 인생의 오묘한 섭리를 직관케 한다. 살다 보면 현실이 꿈이 되고 꿈이 현실이 되곤 한다. 꿈은 코스모스이자 카오스다. 꿈은 주관과 객관, 안과 밖, 중심과 주변의 이원 구조를 부정한다. 또한 꿈은 시의 분위기를 아주 기묘하게 비틀어 처음과 끝이 오리무중의 세계이다. 꿈은 인간 욕망이 유전과 신체적 지각에 의해 마음속에서 재생된 이미지心象이다. 문학적 이미지는 이런 몸각·기억·꿈·병病 등이 상상력에 의해 언어로 구체화된다. 이미지는 언어로 그려진 한 폭의 아름다운 욕망이다. 시는 독자에게 직설적으로 의미를 전달하는 것이 아니라, 시 읽는 독자에게 상상력을 자극시켜 현실적으로 존재하지 않는 것까지 공감하게 하는 예술이다. 이미지는 동굴 벽화에서부터 고대의 상형 문자를 거쳐 오늘날 소리와 그림 이미지가 복합된 영상 언어가 된다. 알고 보면, 이미지는 우주의 무의식이 시인을 매개로 의식의 영상을 통해 언어로 드러난 것이다. 최근 미래시파의 젊은 시인들은 현대의 온갖 이미지의 조각을 더 미세한 언어로 잘라, 조작의 기법으로 무의식적으로 마구 뿌려 댄다. 물론 언어가 모든 것과 소통할 이유야 없지만, "오늘날의 새로운 경향의 시는 상관관계가 멀게 느껴지는 이미지의 조합이나 산문적인 형식의 실험을 통해"(2012, 매일신문 심사평) 너무나 작위적으로 흐르는 것이 문제이다. 말의 상투적인 틀을 해체하고 인간의 감성을 새롭게 드러내는 것은 반길 일이나 시가 얼토당토아니한 데까지 간다면 그것이야말로 언어도단이다.

시 「깍지」(4시집. 그루, 2016)는 "본질적으로 인간은 이야기를 좋아한다."에서 출발한다. 매 순간 지구는 한 편의 이야기 시이다. 하여 사람들은 "새로운 이야기를 만드는 걸 좋아하고, 남들에게 들려주길 좋아하며, 재미있는 이야기를 듣길 좋아"한다. "이야기에 웃고 울고 공감하며 자신의 행동을 조절"한다. "우리의 뇌는 기억을 이야기의 형태로 저장하며, 이야기를 만들어내도록 디자인 되어 있으며, 이야기를 통해 동료를 평가하고 세상을 판단"(정재승)한다. 그러나 오늘날 이미지는 현대 사회의 모든 기표와 기의들을 조작해 사람들에게 진짜 현실과 가상 세계를 혼동케 한다.

내 손을 낚아챈 그녀에게 아내가 있어 안 된다고 했다. 곁에 벗은 예쁜 속옷은 유채꽃 빛이었다. 등 뒤에서 그녀가 "오늘 밤만이라도 하늘 물속을 헤엄쳐, 저 샛별까지 갈 수 없냐"고 내 허리를 꽉 깍지로 껴안았지만, 나는 두 자식이 있어 진짜, 안 된다고 뿌리쳤다.

돌아보지 말걸, 꿈속 그녀는 알몸으로 초승달 위에 웅크려 울고 있었다.

어쩐 일인지 나는 그 밤부터 꿈만 꾸면, 구름 위로 떠오르는 달에게 올라타는 연습을 한다. 제멋대로 엉켜 버린 두 인연이 천 년의 허공 속에 헛돌지라도, 미친 듯 미친 듯 그녀를 위해, 나는 밤마다 꿈속에서 달을 타는 연습을 한다.

—「깍지」 전문

「깍지」는 스물 무렵 어떤 여인이 등 뒤에서 나를 꽉 깍지로 껴안은 사건이, 수십 년 기억 속에 묻혀 있다 불현듯 떠오른 작품이다. 이 시는 꿈의 무의식이 몸의 의식을 뚫고 나와 꿈속 허무와 재결합된다. 그 강렬한 '깍지'의 잔상은 행간 속에 껴안는 것에 대한 두려움과 껴안고 싶은 충동 사이에 끼인다. 몸의 각인은 모든 경계를 초월해 "하늘 물속을 헤엄쳐, 저 샛별까지" 닿아 있다. 몸이 순간이라면 깍지는 영원의 끈이다. 하여, 나는 그녀가 허리를 꽉 깍지로 껴안았지만, 두 자식이 있어 진짜, 안 된다고 뿌리친다. 이 시행은 얼마나 이율배반적인가. 하여, "제멋대로 엉켜 버린 두 인연이 천 년의 허공 속에 헛돌지라도" 그녀에 대한 나의 기억은 "밤이면 밤마다 꿈속에서 달을 타는 연습"을 가능케 한다. 이런 감각은 꿈을 낳고 사랑을 낳고 역설을 낳는다. 허무가 아름다운 것은, 꿈속 이미지가 현실보다 더 현실적이기 때문이다. 깍지를 풀려고 하면 할수록 더 조여드는 느낌이 시의 흐느낌이다. 그것은 나의 금기 위반 "돌아보지 말걸"이나, 그녀의 웅크린 자세에서 찾아진다. 특히 "알몸으로 초승달 위에 웅크려 울고 있"는 그녀는 허무라는 빛이다. 「깍지」는 꿈속의 꿈을 모티브로 하고 있다. 알고 보면, 우주는 '깍지'로 이루어져 있다. 여자와 남자, 해와 달, 물과 불, 바람과 구름, 하늘과 땅, 이 모든 중력은 서로가 서로를 껴안고 있는 '깍지'이다. 표층의 의미는 몽환적 시적 상황이 주제이지만, 심층엔 '시의 애내欸乃와 이별의 흐느낌'이 어룽져 들린다. 그 소리는 마치 물결과 달빛 사이 웅숭깊은 바다 속의 슬픈 곡조처럼, 여인의 울음으로 은유 된다. 그래서 깍지의 비밀은 영혼의 깊은 늪 속에 잠들어 있는 우리들의 금지된 장난인 '에로티시즘'을 한순간 불러 일깨우는지도 모른다. 「깍지」는 이유선 시낭송가의 목소리로 예술기획 '진진아트'에서 영상시로 제작해 유튜브에 올려졌다. 구름 위에 전라全裸

로 춤을 추는 시속 여인의 등장 화면은 많은 사람들의 사랑을 받았다. 화면 가득 유채 꽃밭이 펼쳐지고, 남자의 허리를 깍지로 꼭 껴안은 시 속 여인의 심경은, 영상시가 아니면 못 볼 리얼리티의 극점에 놓인다. 특히, 초승달 위에 알몸으로 웅크린, 사랑을 잃은 여인의 고뇌는 참으로 시적이다.

시의 길Poem Road

현실 공간이 문학 공간에 들어오면, 현실은 곧 그 작가의 체험, 상상력에 의해 변형되고 굴절되어 새로운 이미지가 탄생한다. 이 새로운 이미지야말로 사실을 넘어선 진실의 세계에 닿는 다리이다. 다시 말해, 시의 언어는 우리를 꿈꾸게 해 주고, 만나게 해 주고, 나아가서는 감추어졌거나 망각되었던 삶의 모습들을 드러내 줌으로써, 우리에게 깨어남의 기쁨을 되찾게 해 주는 것이다. 하여, 시의 언어는 되찾아진 현실, 다시 태어난 현실이며, 또한 우리를 다시 태어나게 하는 현실이 아닐까.

—이성복

우연히 내가 그 숲 속의 무덤 위에서 띠풀을 발견한 것은, 빗물이 떨어지는 여름 한낮이었다. 여러 개의 빗방울은 내

머리에 떨어져 코와 뺨을 타고 등줄기에 흘러내리기 시작했다. 그때 내 시선에 포획된 것은 무덤 위의 띠풀이었다. 놀랍게도 띠풀은 귀를 허공에 넣고 빗소리를 다 듣고 있다는 듯한 표정이었다. 그 아랫도리 벌쭉한 새 무덤 위에서 띠풀은, 흔들리는 바람 속에서 귓속 물이 찬 듯 자꾸자꾸 귀를 털고 있었다. 그것은 아마도 끊임없이 무덤을 적시고자 하는 빗물의 의지와, 그것을 떨구려는 띠풀의 귀 사이의 팽팽한 긴장감에서 온 '침묵의 역설'이었는지 모른다. 마치 내가 이 숲속의 뻐꾸기 울음 속에서, 시의 흐느낌을 찾아내었듯, 시 「귓속 물이 차」(4시집. 그루, 2016)는, 소리는 소리 아닌 몸으로 이루어져 있어 더욱 비극적인지 모른다.

띠풀은 귀를 허공에 넣고

비가 빗소리 몰고 오는 짓을 다 듣고 있었다

그 아랫도리 벌쭘한 새 무덤 위에서

참 희한도 하지

비가 빗소리 몰고 가는 짓을 다 알고나 있었다는 듯

띠풀은 귓속 물이 차

자꾸 자꾸 왼쪽 귀를 털고 있었다

—「귓속 물이 차」 전문

요즘 나의 일은, 동네 뒷산인 야트막한 무학산(舞鶴山, 203m) 숲속에서 고요히 눈을 감고 참나무 둥치에 앉아 다시 뻐꾸기 소리를 듣는 일이다. 그 소리는 언제나 존재의 깊은 심연에 닿는다. 수억 겁 전에 이미 내 몸을 빌려 알을 낳아 살고 있는 그 탁란의 슬픈 뻐꾸기가 숲 속에서 날아와 내 시마詩魔를 흔든다. 귓바퀴를 타고 감겨 오는 청각이 아니라 마음속 저 바다에서 들려오는, 먼 옛날 잃어버린 그 아비와 어미의 한숨 같은 뻐꾸기 울음소리. 뻐~꾹 뻐~꾹, 삐이 삐 삐. 내가 느낀 그 숲의 바람 소리에는 언제나 뻐꾸기의 정령이 소곤거리고 있다. 그것은 어쩌면 시의 혈관에 흐르는 애내欸乃 같은 흐느낌 같기도 하고, 한없이 일렁대는 몸 없는 것들의 살 비비는 소리 같기도 하고, 흔들리는 사물의 몸짓이 흘리고 간 사라진 문장의 여운 같기도 하다. 왜 나는 이 산속의 뻐꾸기 소리에 홀려 버렸는지 알 길이 없지만, 안개비 내리는 새벽 덤불 딸기 새로 나를 쳐다보던 고라니의 눈빛 곁에서 들었던 그 젖은 뻐꾸기 소리.

내게 있어 숲은 신 지핀 영감의 장소이다. 나는 날마다 숲

속을 돌아다니며 초록 시詩를 떠먹는다. 아니 숨겨 둔 산벚나무의 그 분홍 꽃 향기를 양껏 퍼먹는다. 영감이 떠오를 때마다 소나무를 꼭 껴안고 그 둥치에 귀를 댄다. 될수록 나는 세상 밖의 잡사는 밀치고, 그 허공 속에 손가락을 넣고 노는 청단풍 어린 가지들과 비밀을 주고받는다. 숲은 그 자체가 음악이다. 아니, 숲 그 자체가 커다란 하나의 악기이다. 산이 지휘자라면 나무들은 온갖 소리들의 연주자이다. 나무가 만든 초록 밥을 내가 먹고, 나의 숨을 나무가 되먹는 인연법은 놀랍다. 나는 숲 속 명상을 통해, 자연은 나무와 사람을 빌려 독창적 방식으로 물을 저장하고 이동한다는 놀라운 지혜를 배웠다. 식물은 그 자체가 날개의 물통이며, 동물 역시 움직이는 물의 저장고이다. 나뭇잎이 허공을 통해 물길을 낸다면, 사람은 숨과 피부와 대소변을 통해 몸속 물을 순환시킨다.

틈만 나면 나는 느리게 아주 느리게 휘파람을 불며, 이 숲길을 보고 만지며 나만의 시상詩想을 가다듬곤 한다. 딱따구리가 참나무를 쪼며 내는 그 아름다운 공명의 메아리는 시의 보고寶庫이다. '새란 실체보다, 새소리가 어쩌면 시의 본질이 아닐까'라는 엉뚱한 상상으로 웃곤 한다. 바람에 일렁이는 숲의 그림자는 그 자체가 은유이자 상징이며 기호이다. 내가 걷는 그 산길 곁의 무덤은, 무더기로 핀 황매를 통해 죽은 자의 적막을 드러낸다. 산까치와 보았던 그 아침 때죽나무는, 흰 종 모양의 꽃송아리를 달고 수백 개의 종소리가 났다. 온 산의 관능을 일깨우는 오월의 찔레 향은 죽은 요부妖婦의 매혹이다. 나는 무학산 그 좁다랗게 이어진 오솔길을 '시의 길Poem Road'이라고 부른다. 떡갈나무 낙엽을 뚫고 올라온 춘란의 노랑 꽃대를 봄날의 첫 행으로 읽었다. 어쩌다 저녁 무렵 나뭇잎 사이로 얼비치던 앞산 너머의 붉은 저녁놀은, 시 아닌 것으로 시가 씌어진 하늘의 언어였다. 하여, 숲은 시의 몸과 신神을 기르는 묘처이다. 나에게 무학은 시의 오묘한 이치를 깨닫게 하고, 시심을 일깨우는 더없는 성소였던 셈이다.

무학舞鶴에서 노닐다

문득, 난 한 번씩 길을 가다, 나도 모르게 그만 중얼중얼거리며 문 열고 들어가 한참을 있다 돌아온다 빙글빙글 좋아서 돌아온다 그 신기하게도 졸랑거리며 하늘로 몰려가는 어린 솜구름처럼, 그곳은 문득 한 번씩 길 가다 나도 모르게, 중얼중얼거리며 문 열고 들어가 한참을 있다 돌아온다

— 김동원 「문득」(2시집『구멍』. 2002, 그루) 전문

시는 목적지가 따로 정해져 있지 않은 데서 소요逍遙와 같

다. 하여 장자는 '마음 가는 대로 유유자적하며 노닐 듯 살아가는' 태도를 일컬어 '소요유逍遙遊'라 하지 않았던가. 5월의 신부 같은 햇살이 스며드는 무학산舞鶴山은 집과 근거리에 위치한 것도 있지만, 채우(彩雨, 김상환 시인의 호) 형과 함께 하는 터이어서 즐겨 찾곤 한다. 무학은 이제 우리에게 하나의 시의 장소가 되어 있다. 에드워드 렐프에 의하면, '인간답다'는 것은 '의미 있는 장소로 가득한 세상에서 산다'는 것을 말한다. 무학산은 그런 장소감을 부여하는 곳이기도 하다. 오늘도 나는 형과 함께 아카시아 향기가 꽃처럼 피어나는 산의 둘레 길을 오르내린다. 빛과 소리, 색과 향이 차고 넘치는 산, 가까이서 멀리서 들리는 뻐꾸기 소리에 형은 곧장 워즈워스의 시 「뻐꾸기에 부쳐To The Cuckoo」를 이야기한다. 그리고는 '뻐꾸기 소리'가 곧 '뻐꾸기'라 말한다. 사물의 실재란 존재의 소리에 대한 응감應感에서 발현되는 법이다. 더러 생각이 막히거나, 또 다른 에너지를 얻고자 할 때면 나는 으레 이 길을 찾는다.

어느 날 산길에서 형은 "시경을 읽지 않으면 빼어난 말을 할 수 없다不學詩無以言"(論語, 季氏篇)고 하여 시와 언어, 말과 사물의 관계를 강조한다. 나는 "마음속에 응어리진 분憤이 있으나 이를 펴지 않고서는 견딜 길이 없다."고 한 굴원의 『초사楚辭』를 시의 요체로 이야기했다. 발분 서정發憤抒情의 남상濫觴인 『초사』, 그리고 『시경』은 동아시아 시학의 양대 축이 아니던가! 소요의 산길은 언제나 서로의 생각을 좋이 받아 주고 이어 주고 간직한 채로다. 우리들의 시담에는 시는 물론, 색공과 유무에 관한 존재론과 프랙털 구조, 카오스 이론 등등 따로 정해진 게 없다. 특히 형은 자연의 비의秘義와 묘오妙悟를 몸소 체득한 유협의 '풍격론風格論'과 창작 방법으로서 '통변通變'과 함께, 마음의 체體와 용用에 대해 곧잘 이야기한다.

그러면 나는 명시란 "조용히 생각을 모으면 천 년의 세월도 불러올 수 있고, 천천히 얼굴을 움직이면 만 리를 내다볼 수 있다"고 화답하며, 이 숲 속과 한없이 어울리는 왕유(王維 당, 699~759년)의 오언절구 「죽리관竹里館」을 두 팔을 높여 읊조린다.

獨坐幽篁裏　독좌유황리
彈琴復長嘯　탄금부장소
深林人不知　심림인부지
明月來相照　명월래상조

한적한 대숲에 홀로 앉아서
거문고를 타고 소리 높이 시를 읊네
깊은 숲을 아는 사람 없어
밝은 달이 찾아와 비추어 주네

이렇게 형과 나는 서로의 풍류가 마를 때까지 주거니 받거니 하면서 소요한다. 지난겨울이었다. 날씨가 따뜻하여 한껏 기분이 들뜬 우리는 참나무에 비스듬히 기대어 갖고 간 커피를 마셨다. 좁은 산길에서 스쳐 지나간 여인들의 지분 냄새는 언제나 둘을 달뜨게 하는 단골 메뉴였다. 그렇게 못 이룬 사랑을 뜯어 먹으며, 파란 하늘과 둥실 둥실 떠가는 흰 구름을 애인처럼 쳐다보며 우리는 공허하게 웃었다. 그때였다. 우리가 기댄 나무통을 타고 딱, 딱, 딱따구르르르 참으로 맑고 고운 새의 소리가 나무의 내부에서 온몸으로 전해졌다. 위를 올려다보니 오색딱따구리 한 놈이 봄에 새끼를 위해 둥지 구멍을 파고 있는 게 아닌가. 어미가 자식을 위해 하는 일은 언제나 지극정성인 모양이다. 누가 먼저랄 것도 없이 우리는 그 나무 둥치에 귀를 갖다 댔다. 딱따구르르르…, 그 순간 홀연忽然 나는 시를 들었다. 햇살과 바람의 느낌이 가슴을 타고 찌릿 울렸다. 나무통과 딱따구리와 시인이 다 한 몸이 되어 숲이 기른 소리를 들었다. 누구나 산에 들어서면 허정虛靜한 마음이 되는 법. 나무를 높여 '격格'이라 한다면, 무학의 숲은 적어도 격물格物 혹은 관물觀物하기에 딱 좋은 시의 장소다.

김동원 시선집

고흐의 시

초판 1쇄 발행 2020년 2월 5일

지은이 김동원
펴낸이 이은재

펴낸곳 도서출판 그루
출판등록 1983. 3. 26(제1-61호)
주소 06121 서울특별시 강남구 봉은사로 129, 1210호
42452 대구광역시 남구 큰골 3길 30
전화 02-358-1161, 053-253-7872
팩스 053-257-7884
전자우편 guroo@guroo.co.kr

ISBN 978-89-8069-413-6

이 도서의 국립중앙도서관 출판예정도서목록(CIP)은 서지정보유통지원시스템 홈페이지(http://seoji.nl.go.kr)와 국가자료종합목록 구축시스템(http://kolis-net.nl.go.kr)에서 이용하실 수 있습니다. (CIP제어번호 : CIP2020002584)